청명상하도

송나라의
하루

청명상하도 송나라의
하루

톈위빈田玉彬 지음 | **김주희** 옮김

글항아리

차 례

나는 중국 옛 그림을 사랑한다

이 총서의 이름은 '중국화 이해하기'다. 이 책에서 말하는 '중국화'란 중국의 옛 그림을 가리키는 것이다. 나는 옛 그림에 각별한 애정이 있다. 그러나 화가나 연구자들이 보이는 유형의 애정이 아니라 이 책을 읽는 당신과 같이 평범한 사람이 옛 그림에 대해 느끼는 순수한 호기심과 사랑이다.

물론 처음부터 옛 그림에 대한 애정이 깊었던 것은 아니다. 처음에는 아름다워서 사랑하게 되었고, 그림을 이해하고 소통하면서 그 사랑이 더욱 깊어졌다. 그다음에는 푹 빠져들었고 그림에 녹아들어 그림과 나를 분리할 수 없고 분리하는 것이 두려운 지경에 이르렀다. 내 사랑은 곧 꽃을 피웠고 열매를 맺었다.

이런 나의 애정은 『중국화는 정말 아름답다中國畫好好看』라는 책으로 결실을 맺었다. 이 책 덕분에 나처럼 옛 그림을 사랑하는 수많은 독자를 만날 수 있었다. 그중 특별한 독자 한 분이 있었는데 바로 허난미술출판사의 캉화康華 편집장이다. 그에게 '중국화 이해하기' 총서 집필을 부탁받았을 때 대단히 기뻤다. 정말로 참여하고 싶었다!

이미 『중국화는 정말 아름답다』에서 80쪽에 달하는 분량을 「청명상하도」에 관한 내용으로 할애했으나 여전히 부족함을 느꼈다. 「청명상하도」는 위대한 두루마리 그림 중 하나로, 그 이름만 들어도 가슴이 벅찰 만큼 사랑하는 그림이다. 어떤 말을 하고 어떤 글을 써도 충분하지 않은 것 같다. 가끔은 사랑하기 때문에 의기소침해질 때도 있다. 이미 셀 수 없이 많이 봤음에도 미처 발견하지 못한 것이 눈에 띄기 때문이다. 예를 들어 며칠 전 밀밭 끝에 있는 농가의 벽에서 그네(앞 페이지 그림 속 빨간색 화살표) 하나를 발견한 것처럼 말이다. 본디부터 그 자리에 매달려 있던 그네를 이제야 발견한 것이다. 눈에 잘 띄지 않는 구석진 자리에 있었다 해도 나는 자책할 수밖에 없었다.

학자들은 「청명상하도」의 '청명'이 뜻하는 바를 두고 끊임없이 논쟁하고 있다. '정치가 청명하다'는 뜻이라는 주장도 있고 '청명방淸明坊'[1]이라는 주장도 있다. 또한 그림은 청명절의 정경과 전혀 다르며 가을에 그려졌다는 견해도 있다. 하지만 천년 세월 줄곧 그곳에 매달려 있는 이 그네는 송나라 때 청명절에 그네 타기가 널리 유행했다는 사실을 고려하지 않고 논의하는

---

1 『송회요집고宋會要輯稿』에 따르면 변경의 내성과 외성 및 교외 지역은 136개의 행정구역(방坊)으로 나뉘었다. 외성의 동쪽 교외 지역은 3개의 행정구역으로 나뉘었는데 그 첫 번째 지역이 청명방이다.

것의 무의미함을 일깨워주고 있다. 물론 그네 하나를 발견한 것
만으로는 충분하지 않다. 우리는 더 많은 것을 발견해야 한다.
최근 나는 우물가에서 엉덩이를 드러낸 채 물을 긷고 있는 한
남자를 찾아냈다. 그는 개당고開襠褲(아이들의 개구멍바지 같은 것
─옮긴이)를 입고 있다. 개당고는 남자만 입는 게 아니라 여자
도 입는다. 그림의 다른 한쪽에는 작은 배에 탄 여자가 빨래한
물을 버리는 장면이 있다. 배의 돛에는 막 빨래를 끝낸 옷가지
가 널려져 햇볕을 쬐고 있는데 그 옷 중 하나가 바로 개당고다!
개당고는 남자와 여자 모두 입지만 화가는 우리에게 남자의 개
당고 입은 엉덩이를 보여주고 여자는 그 옷만 보여줌으로써 수
위를 조절하는 탁월한 분별력을 드러냈다.

　「청명상하도」는 그림 속 세밀한 이야기에 빠져드는 재미를
선사한다. 여러분도 이 그림을 감상하다보면 나와 같이 '아, 송
나라에도 이런 게 있었구나!' '역시 그랬구나!' '정말 뜻밖이
군!' 하고 감탄하게 될 것이다.

　나는 옛 그림을 사랑한다. 열렬히 사랑하기에 때로는 우울해

지기도 하고 때로는 한스럽기도 하다. 명확하게 묘사하거나 설명하지 못하는 게 원통해서다. 누군가 「청명상하도」의 앞부분에 그려져 있는 녹축轆軸2을 보고 연자매라고 해석했다. 녹축과 연자매는 얼핏 비슷해 보이는 농기구지만 같은 것은 아니다. 내가 생각해도 불확실한 게 너무나 많다. 또 하나 예를 들자면 그림 속 행동거지가 의심스러운 한 남자가 길게 땋은 머리를 하고 있는데, 얼마 전까지만 해도 금나라에서 보낸 첩자로 생각했지만 지금은 생각이 달라졌다. 왜냐하면 그림에서 그가 금나라 사람이라 확정할 수 없는 증거들을 찾았기 때문이다.

확실하게 알고 싶은 욕망과 불확실해서 생기는 걱정은 모두 사랑에 기인한다. 사랑하다보니 철학적이 돼버렸다. 어설퍼 보이지만 때로는 그러한 시선이 가장 정확할 수도 있다. 예컨대 「청명상하도」에 담긴 인물은 모두 몇 명일까? 간단한 질문 같지만 줄곧 의견이 달랐다. 어떤 사람은 500명이라 하고 또 어떤 사람은 1000명이라고도 한다. 물론 더 진지하게 '수미법數米法'으로 통계를 내보는 사람도 있을 것이다. 쌀알을 세듯 일일이 세어보기를 반복한 결과 총 815명이었다. 그러나 통계 기준이 명확하지 않아서 집계된 수치에 큰 의미는 없다. 나는 옷소매나 다리 한 짝과 같이 신체의 일부만 보이는 경우도 한 명으로 친다는 기준을 세운 후 컴퓨터 프로그램으로 통계를 내보았다. 결과는 806명이었다. 논쟁의 여지가 있는 일부 경우는 제외했는데, 그 오차는 6명이 넘지 않을 것이다. 이렇게나 최선을 다

---

2 밭을 평평하게 하거나 여름 농사에 씨앗을 뿌린 다음 바람에 날리지 않도록 땅을 다지는 데 쓰는 농기구. 돌태.

해 통계를 냈는데 '어쩌면' '대략' '아마도'라는 말을 덧붙여야 할까?

서론은 여기까지 해야겠다. 독자들이 친한 친구의 이야기를 듣는 것처럼 느꼈으면 좋겠다. 나와 함께 이 위대한 두루마리 그림의 비밀을 캐보길 바란다.

「청명상하도」전권全卷 미리 보기
감상 순서는 오른쪽에서 왼쪽 방향

| 「청명상하도」제1단 |
| 「청명상하도」제2단 |
| 「청명상하도」제3단 |
| 「청명상하도」제4단 |

「청명상하도」 전권 화심畫心

수권手卷 실물

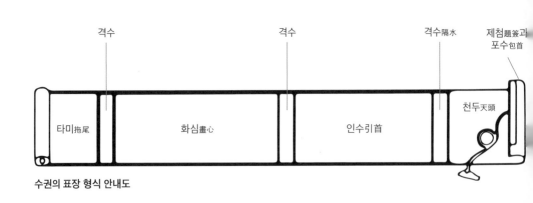

격수	격수	격수隔水	제첨題簽과 포수包首

| 타미拖尾 | 화심畫心 | 인수引首 | 천두天頭 |

수권의 표장 형식 안내도

●권卷이라는 형식은 춘추시대부터 한漢나라 때까지 성행했던 '간책簡策'에서 기원한 것이다. 간책은 문자가 적힌 죽편이나 목편을 줄로 엮은 것으로 가로로 길었기 때문에 돌돌 말아 보관하기에 편리했다. 후한後漢 이후 견지絹紙 사용이 보편화되었지만 사람들은 여전히 서화 작품을 두루마리처럼 둘둘 말 수 있는 간책의 표장법을 따랐다. 따라서 당唐 왕조 이후 서화의 주요한 표장 형식은 줄곧 수권이었다.

●●옛 그림을 보면 흔히 「청명상하도」 권, 「청금도聽琴圖」 축, 「과숙래금도果熟來禽圖」 책엽처럼 작품명 뒤에 '권' '축' '책엽'이 적혀 있는 것을 알 수 있다. 이것은 해당 그림의 표장 형식을 의미한다. 이를 정확히 모르는 사람들은 「청명상하도권」처럼 작품명 안에 표장 형식인 '권'을 포함하곤 하는데 이는 틀린 표기다.

「청명상하도」의 표장 형식은 '권卷'이다.● '권'은 중국의 가장 오랜 서화 표장 형식 중 하나로, 점차 입축立軸과 책엽冊頁 등의 형식으로 발전해갔다.●● '권'은 '수권手卷'이라 부르기도 했는데, 이렇게 불리게 된 이유는 그림을 감상할 때 한 단을 펼쳐 감상한 뒤 그 단을 말아 쥐고 다음 단을 펼쳐서 보는 '좌서우권左舒右卷' 방식으로 감상했기 때문이다. 펼치는 길이는 두 손으로 수권을 자유롭게 제어할 수 있는 범위를 벗어나지 않는다. 이제 옛사람들이 수권을 감상하던 과정을 상세히 설명해볼 테니 나와 함께 한번 상상해보자.

어떤 사람이 수권을 감상하려 한다. 왼손에 수권을 가볍게 쥐고 오른손으로 권축을 든다. 오른쪽으로 천천히 펼쳐 어깨너비 정도 되었을 때 첫 단을 감상한다. 감상이 끝난 다음에는 축을 쥔 오른손으로 수권을 말아서 왼손 위치까지 이르면 왼손의 힘을 풀어서 다음 단을 펼친다. 이렇게 전체를 다 감상할 때까지 한 단 한 단 펼치면서 본다.

이 외에도 '수권'이라 불리게 된 또 다른 이유는 감상의 체험과 관련이 있다. 수권은 입축처럼 그림을 벽에 걸어두고 여럿이 빙 둘러싼 채 감상할 수 없고, 관람자의 편의를 위해 박물관에서 전시하는 것처럼 두루마리 그림을 완전히 펼쳐서 볼 수도 없다. 권을 들고 있는 당사자 한 명, 많아야 두어 명의 절친한 벗과 함께 조용히, 천천히 감상할 수 있을 뿐이다. 권을 감상한다는 것은, 요즘으로 치면 독서 또는 영화 감상과 비슷하다. 독서는 책을 두 손에 받쳐 들고 한 장 한 장 넘기면서 읽어야 하고, 영화 감상은 한 장면이 끝나야 그다음 장면으로 이어진다. 물론 책장을 넘기는 것이나 영화의 장면이 전환되는 것은 수권 감상과는 조금 다르다. 수권은 팔이 긴 성인의 경우 넓게 펼칠 수 있는 반면 어린아이는 팔이 짧아서 좁게 펼쳐야 하는 것처럼 각각의 조건에 따라 펼치는 너비를 조절할 수 있기 때문이다. 사람에 따라 눈앞에 펼쳐지는 장면이 다른 것은 각자 펼치는 너비가 다르기 때문이다. 수권의 상하 길이는 보통 30센티미터 정도로 그다지 높지 않다(50센티미터가 넘는 경우는 '고두대권高頭大卷'이라 할 수 있다). 그러나 가로 길이는 수 미터 또는 수십 미터에 이르기도 한다. 물론 예외적으로 수십 센티미터가 못 되는 그림도 있는데, 이를 '수진소권袖珍小卷'이라 한다. 명나라 때의 「입비도入蹕圖」처럼 길고 높은 수권도 있는데 높이 1미터에 길이 30미터 이상인 것도 있다. 이것은 '엄청나게 긴 두루마리'라고 칭할 수밖에 없겠다.

중국 옛 그림의 표장은 변화를 거치면서 공통된 양식이 형성되긴 했으나 그렇다고 해서 고정적인 것은 아니다. 예를 들어 송대의 수권은 오른쪽에서 왼쪽으로 천두天頭*, 격수隔水**, 화심畫心***, 격수隔水, 타미拖尾****로 구성되었다. 명대의 수권은 인수引首***** 부분이 늘어나 천수, 격수, 인수, 격수, 화심, 격수, 타미로 이루어졌다.

●천두天頭: 수권의 천두는 맨 앞쪽의 빈 공간(양료鑲料)을 뜻한다. 원·명 시대 이전에는 권수의 천두가 매우 짧았으나 점차 권 내에 표장되어 있던 제첨이 권 밖으로 이동하게 되었고 권 내의 천두가 길어지다가 인수로 발전했다(인수는 명나라 초기에 가장 먼저 나타났다). 입축식 서화에는 천두뿐만 아니라 지두地頭도 있다. 천두와 지두는 입축식 서화의 위와 아래 양쪽에 각각 위치한다.

●●격수隔水: '격계隔界'라 불리기도 한다. 천두, 인수, 화심, 타미 사이에 능견綾絹을 얇게 박아 넣는 부분을 가리킨다. 격수를 두는 첫 번째 이유는 경계를 나누기 위해서고, 두 번째 이유는 미관을 위해서다. 이 그림에서 본 그림(화심)의 앞부분에 있는 격수를 전격수前隔水라 하고 뒷부분에 있는 격수를 후격수後隔水라 한다.

●●●화심畫心: 서화의 표장 중에서 서예나 그림의 본래 작품 부분을 말한다.

●●●●타미拖尾: '미지尾紙'라 불리기도 하는 타미는 그림 중 수권의 일부로 후격수 다음에 온다. 화심을 보호하는 기능을 하면서 감상자에게 제자題字와 발문跋文을 제공한다. 두루마리를 펼치면 끄트머리까지 가야 볼 수 있어서 타미라는 이름이 붙

었다.

●●●●●인수引首: 화심 앞
에 공백으로 남겨두는 부분
을 가리키는데, 일반적으로
서화의 명칭이나 대략적인
감상평을 기재하며 인수와
화심 사이에는 전격수가 있
다. 두루마리를 펼칠 때 가
장 먼저 눈에 들어오기 때문
에 '인수'라 불렸다.

1장

그림을 보기 전에 알아둬야 할 몇 가지

북송, 장택단, 「청명상하도」 권

견본絹本, 담설색淡設色, 세로 24.8cm 가로 528cm

고궁박물원 소장

 앞서 「청명상하도」의 전면全面을 보았고 수권에 관한 지식도 함께 살펴보았다. 위에 작은 글씨로 적어놓은 세 줄의 내용은 「청명상하도」의 기본적인 정보로 왕조의 연대, 작가, 표장 형식, 속성, 색채, 크기 및 소장처를 소개한 것이다. 그중 '설색設色'은 채색했다는 뜻으로, 이 그림이 채색된 작품이라는 것을 나타낸다. '담설색'은 농도가 짙지 않고 맑고 담담하게 채색되었다는 뜻이다.

 본격적으로 그림을 살펴보기 전 기본적인 정보를 소개했는데, 그 밖에 그림에 어떤 내용이 담겼으며 그림을 그린 작가와 그림이 전해지는 과정에 얽힌 이야기도 궁금할 것이다. 이제부터 하나하나 들려주겠다.

◀ 화권 기점
— 교외 지역의 도로
● 변하 부두
ㅣ 변하 대교
ㅣ 변경 성문
— 성내 도로
● 화권 종점

「**청명상하도**」 주요 안내도

1.「청명상하도」의 내용

　「청명상하도」는 청명절을 맞은 북송의 수도 변경汴京(지금의 허난성 카이펑開封)의 풍경을 교외부터 성안까지 묘사한 그림이다. 변경 전체를 그린 것이 아니라 한 구간을 주된 소재로 삼고 있다. 그림은 교외의 한 작은 다리에서 시작해 변하汴河 부두까지 쭉 이어지고 있다. 부두에 다다르게 되면 그림은 육로가 아닌 수로를 따라 전개된다. 수로는 성문 방향으로 이어지다가 큰 다리(전체 그림의 중심에 있는 홍교虹橋)를 지날 즈음 방향을 틀어 반대로 흐르는데, 이때부터는 다시 수로가 아닌 육로를 따라 전개된다. 그림은 강둑으로 올라간 후 성문까지 나아가는데, 성문을 통과해 성안으로 조금 더 들어가다가 마무리된다.

　「청명상하도」는 도로나 하천 상황을 그리기 위한 지도가 아니라(그랬다면 재미없었을 것이다), 시가市街와 하시河市(홍교 부근과 변하 양안의 번화한 시장)에서 일어나는 다양한 정경을 담아 낸 그림이다. 다시 말해서 「청명상하도」에 담긴 것은 변경의 저잣거리에

그림 1-1

서 살아가는 백성의 모습이다. 그림에 담긴 800여 명은 과연 어떤 사람일까? 직업적으로 보면 관리도 있고 하인도 있으며 행상인, 가마꾼, 짐꾼, 이야기꾼, 점쟁이, 행각승, 이발사, 거지, 자주 보이진 않지만 아낙네와 아이도 등장하는데 저마다 흥미진진한 모습으로 표현되어 있다. 예를 들어 왼쪽의 그림 속 어린아이를 보면 두 팔을 벌려 떼를 쓰고 있지만 두 어른은 대화에 정신이 팔려 있다. 나 어릴 적에도 어머니를 따라 외출했을 때 걸핏하면 어머니는 걸음을 멈추고 누군가와 수다 삼매경에 빠지곤 했는데 한번 시작된 수다는 끝이 날 줄 몰랐다. 그런 기억 때문인지 그림 속 송나라의 어린아이가 홀대받는 가여운 모습을 보니 은근히 부아가 난다.

이렇듯 화가는 수백 명의 인물에 생생한 생명력을 불어넣었는데, 이러한 작업은 결코 간단한 게 아니다. 마땅히 그림 실력도 뛰어나야 하지만 두루마리 그림의 크기가 주는 제약을 무시할 수 없다. 「청명상하도」의 높이는 24.8센티미터밖에 되지 않는다. 그림의 배경도 그려야 하고 인물도 그려야 하니 인물은 작게 그릴 수밖에 없다. 얼마나 작게 그려야 할까? 대략 2~3센티미터 정도로 그려야 한다.* (그림 1-2) 직접 자를 대보면 그림 속 인물이 얼마나 작은지 알 수 있다. 사람을 이렇게 작게 그리면서 표정이나 동작까지 살리기란 결코 쉬운 일이 아니다. 하지

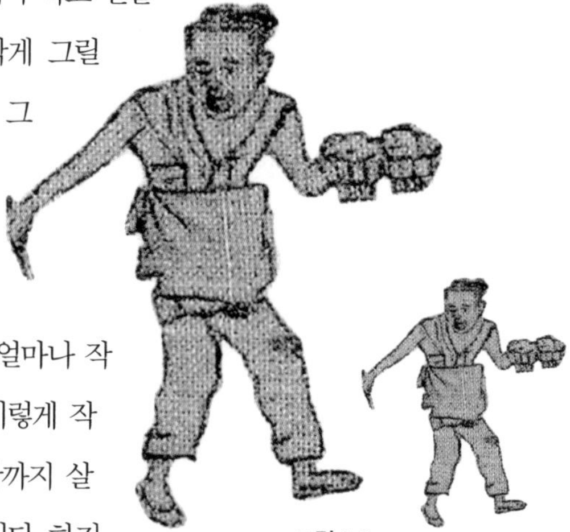
그림 1-2

*독자들이 그림의 세부 내용을 정확하게 볼 수 있도록 장면을 확대한 상세 그림을 소개했다. 따라서 이 책 속 그림의 인물들은 종종 실물보다 크다. 옆의 그림 1-2 중 왼쪽은 확대된 그림이고 오른쪽은 실물 크기와 유사하다.

만 화가는 최선을 다해 모든 사람을 저마다 다르게 그렸다. 수
많은 사람 가운데 한가로이 빈둥거리는 사람은 한 명도 없다.
각자 다른 일을 하고 있고 각자 다른 감정을 지니고 있기 때문
에 각자 다른 디테일을 드러내고 있다. 그리하여 우리는 각양
각색의 감정과 개성, 심지어 이야기를 가진 송나라 사람들을
만나게 되었다!

　그림에는 사람뿐 아니라 큰 배도 그려져 있다. 화가는 당시
세계적인 '첨단기술'을 자랑하던 송대의 배 외관을 매우 상세히
묘사했다. 예를 들어 배의 타판舵板 구조는 널판을 수직으로 세
워 이어 맞춘 후 다시 가로대를 더해 보강한 것으로, 그림에 이
러한 부분이 명확히 묘사돼 있다.

　강 위의 배뿐만 아니라 거리에도 다양한 종류의 탈것이 보인
다. 어떤 대형 수레의 바퀴는 그 크기가 사람만 하고 탈것 자체
의 높이는 두 명의 키를 합친 정도다. 이렇게 커다란 수레 옆에

그림 1-3

서 있는 기분이 어떨지 상상할 수 있다. 저잣거리를 그렸으니 많은 상점도 빠질 수 없으리라. 예를 들면 길거리에 '음자飮子'를 파는 곳이 보이는데, 음자란 특정한 방법으로 만든 음료수로 오늘날의 냉차 비슷한 것이다. 사탕수수를 파는 곳도 있다. 북송 때 장강長江 이북에서는 사탕수수가 나지 않았기 때문에 변경에서 사탕수수를 파는 모습은 당시의 운송 상황을 헤아릴 수 있게 해준다. 또 꽃을 파는 사람도 보인다. 송대 사람들은 꽃을 지극히 좋아했다. 특히 남자들이! 그림에는 한 털보 아저씨가 꽃을 팔고 있는 장면을 볼 수 있다. 물건을 파는 사람뿐만 아니라 면도해주는 이발사처럼 손재주를 파는 사람도 있다. 직접 사고파는 장사를 하는 사람 외에 매매를 주선하는 중개인이 긴 소매를 흔들며 길을 걷고 있는 모습도 확인할 수 있다. 이들은 긴 소매 아래 가린 손가락으로 고객과 흥정하여 거래할 준비가 되어 있다.

그림 안에는 인물, 탈것과 선박, 상점 외에도 우리가 생각지 못한 세세한 장면이 담겨 있다. 예를 들어 그림 1-3의 두 사람을 보자. 그들은 조정에 소속된 우체부로 어찌된 일인지 한 명은 바느질을 하고 있고 다른 한 명은 엎드려 자고 있다. 그들 맞은편은 사람으로 가득한 소란스러운 거리인데 부끄럽지도 않을까? 땅바닥에 엎드린 채 잠든 사람의 붉은색 속옷까지 자세히 표현되어 있다.

그림에는 또한 수많은 나무, 수많은 건축물, 수많은 가구, 수

많은 동물들이 그려져 있다. 별로 흥미롭지 않다고? 결코 그렇지 않다. 화가가 그린 늙은 버드나무를 보자. 나무줄기는 분명 완전히 절단됐는데 공중에 멀쩡히 매달려 있다. 이상하지 않은가? 어떤 건물 앞에는 치자 열매를 본떠 만든 치자등이 걸려 있는데, 여러 개의 치자등이 켜진 저녁의 광경이 얼마나 아름다울지 한번 상상해보라! 동물에 대해 이야기하자면, 성문 밖에서는 관리하는 사람도 없이 제멋대로 거리를 돌아다니고 있는 돼지 떼를 볼 수 있다.

「청명상하도」에 대한 이야기는 여기서 잠시 멈추고 이제부터 작가에 대해 이야기해보자.

2. 화가와 그림의 운명

「청명상하도」를 그린 화가는 이름이 장택단이고 자字가 정도正道다. 그의 자에서 알 수 있듯이 그의 부모는 품행이 단정하고 정도의 길을 걷는 아들이 되기를 바랐던 모양이다. 장택단은 동무東武(지금의 산둥성 주청諸城) 출신이며, 그의 고향은 유가 문화가 두텁고(유가는 인애仁愛를 주장했다) 현실적인 예술을 중시하는 전통이 있는 곳이었다. 그러한 분위기가 어린 시절의 장택단에게 알게 모르게 영향을 끼쳤을 것이다. 성장한 장택단은 고향을 떠나 변경에서 유학을 했고 과거시험을 준비했다. 이유는 알 수 없지만(정책에 변화가 생겼을 수도 있고, 과거시험에 낙방했거나 집안에 변고가 생겨 그의 뒷바라지를 할 수 없게 되었을 수도 있다) 장택단은 학업을 포기하고 그림을 배우기로 전향했으며,

●계필은 조금 특별한 붓이
다. 그림을 그릴 때 계필에
있는 원형의 붓두껍을 붓촉
에 끼우면 붓촉의 뾰족한 끝
부분만 밖으로 나오게 된다.
그런 다음 붓두껍을 자에 대
고 종이 위에 그으면 가지런
하고 곧은 묵선을 그릴 수 있
다. 굵은 선을 그리고 싶으면
붓촉을 좀더 길게 빼고 그
반대의 경우는 붓촉을 좀더
짧게 빼면 된다. 왜 계필로
그림을 그려야 할까? 건축
물, 가구, 선박과 탈것 들은
더욱 정확하고 사실적으로
그려야 하기 때문이다.

시험에 합격해 궁정 화원인 한림도화원에 들어갈 수 있었다.

각기 다른 장기를 가진 그림의 고수들이 모인 한림도화원에서 과연 장택단의 장기는 무엇이었을까? 그는 계화界畫를 잘 그렸다. 계화란 계필界筆●과 직선자로 선을 그어 그리는 그림이다. 그러나 독자들도 느낄 수 있듯이 겸공대사兼工帶寫3의 기예를 지닌 장택단은 계화 그리는 실력만 뛰어난 게 아니라 인물화 그리는 실력도 탁월하여 정확하고도 생생하게 인물을 묘사했다. 또한 앞서 과거 공부를 하다가 뒤늦게 그림을 배웠기 때문인지 그가 그린 저잣거리 인물들은 속되지 않고 어딘지 우아하고 온화한 기품이 느껴진다.

가장 일찍 「청명상하도」에 발문을 쓴 금나라 사람 장저張著는 이 작품에서 우러나는 독특한 풍격을 두고 '별성가수別成家數'라 했는데, 이는 '새로운 유파를 이루었다'는 뜻이다.

「청명상하도」 외에 장택단은 「서호쟁표도西湖爭標圖」를 그리기도 했는데, 두 화권 모두 뛰어난 '신품神品'으로 평가되었다. 안타깝게도 「서호쟁표도」는 유실되어 자취를 알 수 없다.

1127년 북송은 금나라에 멸망했다. 그로부터 반세기가 흐른 1186년(금金 세종世宗 대정大定 병오년丙午年)의 청명절 다음 날, 금나라 사람인 장저가 「청명상하도」에 총 85자 정도의 발문 한 단락을 써 넣었다. 후대 사람들이 장택단의 생애에 대해 알 수 있는 내용이라곤 이 짧디짧은 발문 한 편이 전부다. 그 밖에 사람

---

3 중국화의 기법에는 형상을 꼼꼼하고 정밀하게 그리는 공필工筆과 생동하는 운치를 그리는 사의寫意가 있다. 겸공대사兼工帶寫란 공필과 사의 두 기법을 사용해 형상과 운치를 함께 그려내는 것으로 화조화, 인물화에서 많이 볼 수 있다.

들이 궁금해하는 부분에 대해서는 오직 짐작해보는 수밖에 없다. 이를테면 장택단이 「청명상하도」를 그린 시기는 언제일까? 어떤 학자는 송 휘종徽宗이 제위에 오른 초기(1101~1110)에 그린 것으로 추정했는데, 당시 장택단의 나이는 40세 정도였다. 다른 학자들은 송 신종神宗 통치 시기(1106~1085)에 그린 것으로 추정하기도 했다. 송 신종은 바로 왕안석을 기용해 변법운동을 시행한 황제로, 38세에 죽음을 맞으면서 여섯째 아들인 조후趙煦에게 왕위를 물려주었다. 조후는 송 철종哲宗으로, 10세에 즉위해 25세에 서거했다. 이후 송 신종의 향 황후向皇后가 강력하게 지지해준 덕분에 송 신종의 열한째 아들인 조길趙佶이 황제가 되었다. 조길이 바로 송 휘종이다.

송 휘종은 「청명상하도」를 보고 난 후 권수에 작품명을 써넣고 자신의 '쌍룡소새雙龍小璽' 도장을 찍어주었다. 명대까지만 해도 귀중하기 그지없는 송 휘종의 제자題字와 그가 날인한 옥

송 휘종의 '쌍룡소새' 중 하나
당대, 두목杜牧, 『장호호시張好好詩』 권, 고궁박물원 소장

송 휘종의 '쌍룡소새' 중 하나(이 인장은 진위 여부를 확인할 필요가 있다)
「동단왕출행도東丹王出行圖」, 미국 보스턴미술관 소장

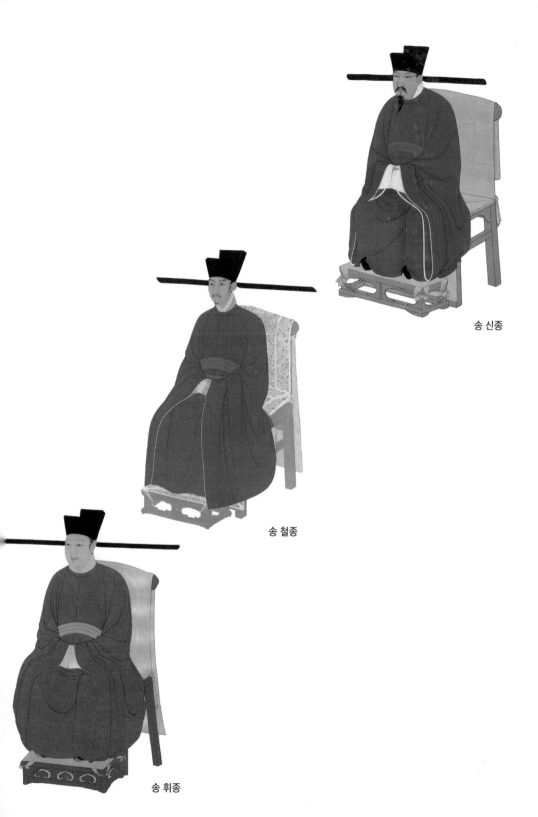

송 신종

송 철종

송 휘종

새를 보았다는 사람이 있었으나, 애석하게도 명말에 이르러 한 표구사가 「청명상하도」를 새로 표구하던 중 휘종의 제자와 옥새가 날인된 부분을 제거해버렸다. 전하는 바에 따르면 이 표구사는 한 가지 일을 더 했는데, 바로 화권의 도입부에 그려진 당나귀 한 마리를 덧칠해 없애버린 것이다(상세한 내용은 다음에 다루기로 한다).

그 후 장택단은 어떻게 됐을까? 북송이 멸망한 후 장택단과 같은 궁정화가 중 일부는 남방으로 도주하여 후에 남송 초기의 궁정화가로 자리 잡았고, 일부는 오늘날의 쓰촨 지역인 서촉西蜀으로 도주했다. 또 몇몇은 금나라가 점령한 지역을 떠돌거나 금군에게 붙잡혀 북방으로 갔으며, 떠나지 않기로 한 이들은 스스로 살길을 모색해야 했다. 장택단은 금군의 통치 지역인 북방에 남았을 가능성이 크다. 그가 어떻게 여생을 보냈으며, 언제 어떻게 세상을 떠나게 되었는지는 전혀 추측할 길이 없다.

그렇다면 「청명상하도」의 운명은 어떻게 흘러갔을까? 이 이야기는 「청명상하도」와 인연이 깊은 송 신종의 향 황후로부터 시작해야 할 것이다. 송 신종이 붕어한 뒤 조후(송 철종)가 왕위를 이어받았고 향 황후는 태후가 되었다. 본래 조길은 송 철종이 서거한 뒤 황제를 이어받을 순서가 아니었지만 조길을 좋게 보았던 향 태후가 다른 이들의 의견을 물리치고 그를 황제로 추대했다. 황제로 등극한 조길은 향 태후에게 보답이라도 하듯 깍듯하게 예우했으며 태후의 형제들, 즉 자신의 외삼촌들에게도 수많은 은택을 베풀면서 「청명상하도」를 하사품으로 내렸다. 그 후 화권은 향씨 가문의 후손인 향자소向子韶의 수중에

거문고를 타는 송 휘종
북송, 조길,
「청금도聽琴圖」(부분),
고궁박물원 소장

들어갔다.

　사람들의 말에 따르면 송 휘종은 폭군은 아니었으나 사리에 어두운 혼군昏君이었다. 그는 사랑하는 게 많아도 너무 많았다. 그림, 서예, 거문고 연주, 기석奇石과 이목異木 수집…… 사랑하는 게 많다는 것 자체는 문제라 할 수 없지만 그로 인해 나랏일에 소홀한 것은 문제였다. 하물며 직위가 높을수록 책임도 막중해지는데 어찌 황제가 되어 정사에 소홀할 수 있겠는가? 송 휘종의 통치는 마치 게임에 정신이 팔린 학생이 공부에 집중하지 못해 시험을 망친 것과 다름이 없었고 결국 북송은 멸망했다. 사람들은 북송이 멸망한 이유가 송 휘종 때문이라고 하는데, 그렇다면 송 휘종을 추대한 향 태후에게는 잘못이 없을까? 물론 후세 사람들이 내리는 감정적인 평가는 아무 의미가 없다. 역사는 반성이 필요할 뿐 가정이 필요한 게 아니기 때문이다.

이제 다시 「청명상하도」로 돌아오자. 앞에서 향 태후의 재종질*인 향자소까지 이야기했다. 향자소는 금나라에 저항할 것을 고수했지만 건염建炎 2년(1128)에 밤낮으로 침략하는 금나라 군대에 의해 결국 도읍이 함락되고 말았다. 금나라 병사들은 향자소의 몸을 내리눌러 강제로 무릎 꿇리려 했지만 그는 결코 무릎을 꿇지 않았다. 도리어 금나라 사람을 향해 극지戟指를 보이며** 욕을 퍼부었고 결국 그 자리에서 살해당했다. 이후 향자소 집안의 모든 사람이 몰살당하고 요행히 여섯 살짜리 어린 아이만 살아남았다. 그 와중에 「청명상하도」를 포함한 그의 가산은 남김없이 약탈당했다. 북송 멸망 후 약 반세기 동안 급변하는 정세 속에서 이 위대한 화권은 얼마나 많은 위기를 겪었을까. 그러던 어느 날 장저에게 이 그림이 알려졌고 이때부터 「청명상하도」는 역사적 자취를 지닌 존재가 되었다.

3. 고궁박물원 오픈런

기나긴 역사의 강물은 쉼 없이 흘러 2015년에 이르자 드디어 「청명상하도」가 대중에 공개되었다. 베이징 고궁박물원의 무영전武英殿에서 두루마리를 모두 펼친 그림으로 전시된 것이다. 엄청난 반향을 일으킨 이 전시는 '고궁박물원 오픈런'이라는 말이 생겨났을 정도였다. 당시 매체의 보도에 따르면 사람들은 이 국보를 보기 위해 7시간이나 줄을 섰으며 밤을 새워 대기한 이도 있었다. 오전에 고궁박물원의 오문午門이 열리자마자 기다리던 사람들이 일제히 무영전을 향해 내달리는 모습에 네티즌들

* 재종질은 6촌 형제의 자식이니 7촌 조카인 셈이다.

** 검지와 중지를 미늘창처럼 세워 사람에게 삿대질하는 것을 두고 극지戟指라 한다. 분노를 표출하거나 혹은 용맹함을 보여주는 행동이다. 극戟은 고대 병기 중 하나로, 아래 그림처럼 긴 자루 끝에 창날이 달렸고 그 옆에 초승달 모양의 칼날이 덧붙여져 있다.

미늘창
청대, 「홍력세조행악도弘歷歲朝行樂圖」, 고궁박물원 소장

「송신종황후좌상」축,
타이베이 고궁박물관 소장

은 '고궁박물원 오픈런'이라 표현했다.

오문에서 무영전까지 달리기는 젊은 층에게 유리했기 때문에 일찍 나와 줄을 섰던 노약자들은 빨리 달리지 못해 관람 순서가 뒤쪽으로 밀려날 수밖에 없었다. 그런 와중에도 여든의 노인은 '살아서 국보를 볼 수 있으니 정말 가슴이 벅차다'라는 감회를 밝혔고, 한 어린아이는 '가장 아름다운 중국화'를 반드시 보겠다고 다짐하기도 했다. 사실 모든 예술작품을 '미'의 기준으로만 평가해선 안 되지만 「청명상하도」는 미의 개념을 뛰어넘어 가장 세속적인 동시에 가장 위대한 중국화다. 대충 보고 지나치기보다는 한 장면 한 장면 꼼꼼하게 읽어볼 가치가 있다. 지금부터 「청명상하도」 감상을 시작해보자!

송나라 저잣거리에서 만난
36가지 생활 모습

　이 장에서는 여러분과 함께 「청명상하도」를 세심하게 읽어볼
것이다.

　어떤 독자는 어째서 '보다'가 아니라 '읽다'라고 하는지 의아
해할지도 모르겠다. 옛 그림은 눈으로 보기만 하는 게 아니라
읽기도 해야 한다. 보는 것은 눈으로 보는 것을 의미하지만 읽
는 것은 이해하는 데 방점을 두기 때문이다. 「청명상하도」의 가
치는 얼마나 아름다운가보다는 그림에 담긴 풍부한 함의에 있
다고 할 것이다. 요즘 식으로 표현하자면, 옛 그림에 담긴 정보
량이 너무 많아서 눈으로 보기만 해서는 충분히 이해할 수 없
다. 즉 온갖 방법과 지식을 동원해 해독하려 할 때 비로소 꼼꼼
히 볼 수 있고 명확히 읽어낼 수 있다.

　물론 읽는 행위를 강조했다고 해서 보는 행위를 소홀히 해선
안 되는 것이, 보는 것과 읽는 것은 서로 떼려야 뗄 수 없는 관
계에 있기 때문이다. 나는 줄곧 옛 그림을 이해하려면 세 단계
를 거쳐야 한다고 말해왔다. 첫 단계는 자세히 살피고 분명하게
보는 것으로, 이는 옛 그림을 이해하는 기초라 할 수 있다. 이에
따라 여러분이 모든 장면을 속속들이 볼 수 있도록 각 장면을

그림 2-2

설명할 때마다 그림의 세세한 부분을 크게 확대하여 실었다. 둘째 단계는 당대 사람들과 오늘날의 학자들이 무슨 말을 하는지 귀를 기울이는 것이다. 마지막 단계는 두려워하지 말고 각자 자기만의 방식으로 그림을 이해하는 것이다. 자기만의 방식으로 이해할 때 비로소 옛 그림이 새롭게 살아날 수 있기 때문이다.

1. 당나귀 등에 실린 짐은 무엇인가?

중국 고대의 권축卷軸은 오른쪽에서 왼쪽으로 한 단 한 단 조금씩 펼쳐서 보게 되어 있다. 따라서 「청명상하도」를 펼치면 열은 안개 속에서 걸어 나오는 당나귀 무리가 맨 먼저 보인다.(그림 2-2) 길과 들판은 텅 비었고 느릿느릿 걸어오는 당나귀 무리 외에는 아무도 보이지 않는다. 조용한 새벽녘으로 추측된다.

이 무리는 당나귀 다섯 마리와 두 사람으로 구성되어 있다. 당나귀 등 위에는 광주리가 두 개씩 실려 있고 광주리 안에는 검은색의 가늘고 길쭉한 것이 담겨 있다. 저것이 무엇일까? 숯과 매우 유사하다. 송대 사료 기록물인 『계륵편雞肋編』에 따르면 장택단이 「청명상하도」를 그릴 당시 변경의 모든 가정에서 사용되던 주요 연료는 숯에서 석탄으로 바뀌었다고 한다.● 그래서 어떤 이는 당나귀 등에 실린 숯의 용도가 술을 데우기 위한 것이라 보았다. 이런 견해를 뒷받침하는 근거가 있기는 하다. 간혹 구호물품에 술이 포함될 만큼 송나라 사람들은 술을 매우 좋아했으니 당연히 술을 데우는 연료도 필요했을 것이다. 그

● "옛날 변하 수도의 가구 대부분 석탄에 의지했고 나무를 때는 집은 하나도 없었다."(남송, 장작莊綽, 『계륵편』 권중) 변경은 당시 세계에서 가장 큰 도시로(인구 100만이 넘고 인구 밀집도는 후세 사람들의 상상 이상이었다) 땔감 부족 문제가 심각했는데, 이후 석탄(매탄煤炭)이 숯 대용의 주 연료가 되고 나자 비로소 땔감 문제가 해결되었다.

그림 2-3

그림 2-4 당나귀 무리 끝의 중년남자

밖에 이 숯들은 도심지에 사는 부유층의 난방용 땔감으로 사용되었을 것이라는 의견도 있다. 북송 말기 중국의 기후는 '소빙하기'로 접어들어 당시 청명절은 지금보다 훨씬 추웠다.

맨 앞에 있는 소년(그림 2-3)을 자세히 보면 '총각總角' 머리를 하고 있다. 고대에 8, 9세부터 13, 14세 정도인 소년들은 앞가르마를 타서 머리카락을 좌우로 가르고 머리 위로 틀어 올렸다. 그 모양이 양 머리 위의 솟은 2개의 뿔처럼 보인다고 하여 '총각'이라 불렸다. 소년이 무리의 맨 앞에 서고 뒤에는 수염이 덥수룩한 성인 남성이 있다.(그림 2-4) 소년과 남성은 틀림없이 부자지간일 것이며, 이들 부자는 날이 밝기 전에 숯을 팔러 경성으로 길을 나섰을 것이다.

다시 소년과 맨 앞의 당나귀를 자세히 살펴본다. 그들은 작은 다리 근처에 이르렀다. 소년의 시선은 계속 앞을 향해 있는 반면 그 옆의 당나귀는 다리를 향해 머리를 돌려 방향을 틀려 한다. 당나귀는 이미 여러 번 가본 길이라서 어린 주인이 몰지

2장 송나라 저잣거리에서 만난 36가지 생활 모습

권수에서 훼손되어
잘린 부분

않아도 모퉁이를 돌아야 한다는 걸 알고 있다.

지금 우리가 보고 있는 장면은 그림 원본의 도입부가 아니라고 생각하는 학자들이 있다. 「청명상하도」가 500년간 이리저리 떠도는 사이 두루마리의 앞부분(약 한 자 정도로 추정)이 소실되었고, 명나라 말에 표구사가 찢어진 부분을 잘라내 표구 작업을 새로 했기 때문이다. 잘라낸 그림에는 무엇이 담겼을까? 아득히 먼 산과 수목들이 담겼으리라는 추정이다. 이러한 학자들의 짐작이 맞는지는 확인할 길이 없지만, 나는 지금의 도입부가 가장 좋다고 생각한다. 위대한 작품은 웅장한 장면으로 시작할 필요가 없다. 도리어 보잘것없는 도입부가 보는 이의 마음을 뒤흔드는 아름다운 풍격을 완

숯을 모두 팔고 난 당나귀 무리로,
화권의 후반부에 등장한다.
당나귀의 다리 부분이 명확하게 보이지 않는다.

성할 수도 있다. 「청명상하도」는 어린 소년 하나와 고개 돌린 당나귀 한 마리로 시작한다. 충분하지 않은가.

2. 도성 근처 농가의 마당에 있는 기구는 무엇일까?

'작은 다리가 놓인 시냇물과 인가'는 하나의 전형적인 이미지 조합이다. 그림의 도입부에 작은 다리와 시냇물이 있었는데 다리를 건너면 인가가 있을까? 다음 장면을 살펴보니 과연 장택단은 인가 한 채를 그렸다(그림 2-7). 조용해 보이는 이 집에는 사람이 한 명도 없는 것 같다. 정말 그런지 함께 찾아보자.

먼저 그림의 오른쪽을 보면 집이 몇 채 있다. 더 자세히 살펴보면 집 밖에 차양막이 설치되어 있고(녹색 화살표), 차양막 아래에 등받이 없는 긴 의자가 몇 개 놓여 있다. 이 집은 경성으로 가는 길목에 자리한 덕분에 오가는 상인들에게 휴식 공간을 제공하는 등 소소한 장사를 하는 것 같다. 지금은 너무 이른 아침이라 방문객이 없으니 주인이 바깥을 살피지 않는 모양이다.

주인은 어디에 있을까? 집 뒤쪽을 보자. 그림 속 빨간색 화살표가 가리키는 곳에 낮은 토담이 있고 그 옆에 무언가 엎드려 있다. 돼지인 것 같다. 방금 주인이 먹이를 바닥에 쏟아주자 달려와 먹고 있는 중인 듯하다. 파란색 화살표가 가리키는 형체가 바로 집주인으로 보이는데, 전체적인 외형으로 보아 여자일 것으로 추정된다. 그녀는 돼지에게 먹이를 주고 나서 집으로 돌아가는 중이다.

그림 2-7

그림 2-8

이 집의 문을 보면 알 수 없는 형체 하나가 눈에 띈다. 이것이 무엇일까? 그림 속 등장 인물을 셀 때 한참 들여다보았다. 색깔은 집주인이 입고 있는 윗옷과 비슷한 것 같지만 이것은 문에 달아놓은 청색 주렴이라 결론 내렸다. 통풍을 위해 주렴 가운데가 묶여 있다.

그림 2-9

　그녀의 집 뒤에 있는 타작마당에 동글동글한 농기구가 하나 놓여 있다. 그것을 연자매라고 주장하는 사람이 있는데, 그럴 리가 없다! 연자매는 받침돌과 원기둥 모양의 연자돌로 구성된 것으로, 받침돌 위에 밀이나 옥수수 등을 깔고 연자돌을 굴리면 곡식 낟알들이 바숴진다.

　「청명상하도」에 보이는 이 농기구는 돌태다. 천년이 지난 지금까지 일부 지역의 사람들은 여전히 똑같은 돌태를 사용해 땅을 고르고 곡식을 빻는다. 연자매와 돌태가 담긴 옛날 사진을 보자. 굳이 설명하지 않아도 그 차이를 알 수 있을 것이다.

그림 2-10 변경 성문 밖의 돼지 떼.

그림 2-11 돌태 끄는 당나귀. 「갬블 사진집」, 1931~1932, 허베이성 딩저우定州

그림 2-12 연자매 돌리기. 「갬블 사진집」, 1917~1919, 베이징 와불사臥佛寺

먼저 그림 2-11의 농기구는 돌태이고 2-12의 농기구는 연자매다. 남방 지역의 독자들이 기억하는 돌태는 「청명상하도」의 돌태 모양과 다르게 느껴질 텐데, 그 이유는 남방과 북방에서 쓰는 돌태가 다르기 때문이다. 석곤石滚이라 불리기도 하는 북방에서 쓰는 돌태는 돌로 만든 농기구로 굴리면서 압착하는 방식이다. 남방의 돌태는 논을 평평하게 고르기 위한 목제 농기구로, 굴림대와 받침(굴림대 바깥의 장방형의 두꺼운 목재틀)으로 구성되어 있다. 굴림대에 있는 매우 단단한 재질의 긴 목판은 강조杠条라 불리는데, 돌태가 회전하며 나아갈 때 강조에서 탈탈탈 하는 경쾌한 소리가 난다.

그림 2-13은 송나라의 「경직도耕織圖」(원대 정계程棨의 모사본)로 남방의 돌태가 그려져 있는데 북방의 돌태와는 모양이 매우 다르다. 그림 2-14는 오늘날 남방 지역에서 쓰이는 돌태로, 송·원 시대의 돌태와 크게 달라지지 않았다.

'작은 다리가 놓인 시냇물과 인가'를 느린 걸음으로 모두 둘러보고 나니 「청명상하도」의 서막이 서서히 열렸다. 곧 엄청난 장면들이 우리 앞에 펼쳐질 것이다.

3. 버드나무 줄기는 왜 끊어졌을까

다음 페이지의 그림 2-16은 「청명상하도」 중에서 첫 번째로 만나게 되는 유명한 장면으로, '작은 다리가 놓인 시냇물과 인가'를 지나는 버드나무숲 주변 공간이다. 그림에서 사람들의 시선은 대개 '놀라 날뛰는 말'에 쏠리게 마련인데, 사실 여기에

청명상하도 **50**

굴림대

굴림대를 구성하는 강조杠条   가로대

그림 2-13

그림 2-14
논을 평평하게 고르는 데 사용되었던 남방 돌태의 실제 모습.
린가오즈林高志 촬영

그림 2-15
「청명상하도」 속 돌태

그림 2-16

그림 2-17

'놀라 날뛰는 말'과 뒤쫓는 사람

는 여러 가지 수수께끼가 숨어 있다. 이제 차례로 수수께끼를 풀어보자.

먼저 그림 속 버드나무에 관해 이야기해보자. 어떤 집 옆에 자라고 있는 이 버드나무는 수관이 울창하고 줄기가 우람한데, 특히 빨간색 화살표가 가리키는 지점을 자세히 살펴보자. 이상한 점을 발견했는가? 표시된 지점의 줄기가 끊어져 있다! 일부만 잘린 게 아니라 나무줄기 전체가 끊어진 상태로, 절단면 사이로 뒤편의 울타리와 기와가 보인다. 이게 어떻게 된 일일까? 정상적인 상황이라면 줄기가 끊어진 나무가 멀쩡히 자랄 수는 없다. 나무 전체에 도는 푸릇푸릇한 기운이라니, 더욱 말이 안 된다. 하지만 나무줄기는 그렇게 기이한 모습으로 매달려 있다. 유감스럽게도 이 버드나무에 대해 합리적인 해석을 제시한 연구자를 아직 만나지 못했다. 그러나 최대한 우리의 직감과 관찰력으로 실마리들을 찾아보자.

먼저 줄기가 끊어진 버드나무는 우리에게 기이함, 불안, 긴장을 느끼게 한다. 이것은 논쟁이나 분석이 필요 없는 느낌이다. 그다음으로 끊어진 버드나무가 초래할 수 있는 결과에 대해 생각해보자. 끊어진 버드나무는 옆으로 난 오솔길을 향해 기울

남송, 양해梁楷,
「설경산수도雪景山水圖」,
일본 도쿄국립박물관 소장

어져 있고, 때마침 여행자로 보이는 무리가 나무 아래를 지나
는 중이다. 그들은 줄기가 끊어진 버드나무를 전혀 인식하지
못하고 있으며, 특히 앞장선 두 사람은 무엇인가에 정신이 팔린
듯 끊어진 버드나무의 반대편을 돌아보고 있다. 아마 공포 영
화를 볼 때 이와 비슷한 경험을 한 적이 있을 것이다. 위험한 상
황이 닥쳐오고 있는데 주인공이 전혀 위험을 감지하지 못할 때
관객들은 가슴을 졸인다. 그렇듯 '끊어진 버드나무' 장면은 분
명 보는 이에게 즐거움이나 재미를 주기 위한 게 아니다. 그 안
에 숨겨진 무언가를 경계하도록 일깨워주기 위한 것이다.

그렇다면 이 그림에 숨겨진 메시지는 무엇일까? 나는 남송의
화가 양해梁楷가 그린 「설경산수도雪景山水圖」가 떠올랐다. '산
수도'라는 제목이 붙여져 있긴 하지만 이 그림
속에는 줄기가 다 썩어 속이 텅 빈 기이한 나
무 한 그루가 그려져 있다. 파란색 화살표가
가리키는 곳을 보면 줄기가 완전히 끊어져 있
다! 「설경산수도」와 「청명상하도」 모두 끊어

진 버드나무 주변에는 평온하고 한가로운 여행객이 보이며, 끊어진 버드나무의 존재는 감상자들로 하여금 경계의 끈을 놓지 못하게 만든다. 결코 눈에 보이는 '평화'를 진실이라 생각하지 말아야 하며, 심지어 위기가 닥쳤는데도 무사태평하다면 언제 큰 화가 닥칠지 알 수 없다. 누군가는 의문을 제기할지도 모르겠다. 방금 전 보았던 '작은 다리가 놓인 시냇물과 인가' 장면에서는 위기라곤 전혀 느낄 수 없었는데 갑자기 분위기가 돌변하다니, 지금부터 무서운 장면이 나오기 시작하는 걸까? 사실 「청명상하도」 전체를 통틀어 위험을 예고하는 장면은 비단 이곳만이 아니다. 그림의 여러 장면을 살펴보고 나면 장택단이

그림 2-23

말하고 싶은 이야기가 무엇인지 어느 정도 이해하게 될 것이다.
그가 그림에 담으려고 한 것은 한갓진 세월만은 아니다.

4. 말은 왜 놀랐을까?

그림 2-23에서 빨간색 화살표가 가리키는 곳이 바로 '놀라
날뛰는 말'로 '추정'되는 부분이다. 실제로 놀란 말을 본 적이
있다면 알겠지만, 말이 놀랐을 때는 누구의 명령도 따르지 않
고 미친 듯이 날뛰며 '호랑이가 와도 무서워하지 않는' 기세를

2장 송나라 저잣거리에서 만난 36가지 생활 모습

1973년 보수 작업을 하던 중 삭제된 당나귀 몸통의 일부

내뿜는다. 그림을 보면 한 어린아이가 길에서 놀고 있는데 놀란 말이 맹렬하게 내달리자 한 어른이 황급히 일어나 아이를 부르고 있다.(노란색 화살표)

　방금 전 '놀라 날뛰는 말'이라고 '추정'한 이유는 이 장면의 일부가 훼손되어 말인지 아닌지 확신할 수 없기 때문이다. 어떤 사람들은 이것이 수나귀이며 거리를 내달리는 이유가 발정기의 암나귀를 발견했기 때문이라 주장하기도 한다. 암나귀는 본래 노란색 화살표 지점에 있었으나 지금은 그림에서 사라져버렸다. 암나귀가 사라진 이유는 1973년 고궁에서 복원 및 재표구 작업을 하는 과정에서 암나귀의 몸통은 제거되고 쩍 벌어진 주둥이만 남았기 때문이다. 현재는 마구 날뛰는 수나귀가 이 장면에서 관점의 초점이 되었다. 몇 사람이 나귀를 쫓고 있으며 그보다 많은 사람이 긴장한 채 지켜보고 있다. 근처에 있는 소 두 마리는 이 광경을 본체만체하며 별일 아니라는 듯 태연자약하다. 반면 좀더 먼 곳에 있는 나귀 한 마리는 매우 흥분

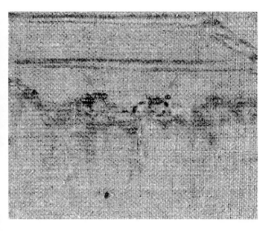

한 것 같다. 고개는 뒤를 향해 비틀어져 있으며 앞발은 공중에 들려 있고 꼬리도 치켜져 있는 게 마치 고삐에서 벗어나기 위해 발버둥치는 듯하다.

나귀가 미쳐 날뛰고 울부짖는 소리가 호기심을 자극했는지 두 소년이 담장 위로 머리를 내밀고 무슨 일이 일어났는지 내다보고 있다. 그러나 놀란 말 혹은 나귀가 달리는 속도가 너무 빠른 탓에 소년들의 눈에 들어온 것은 성으로 돌아가는 가마뿐이다.

이 가마는 두 사람이 드는 소교小轎다. 모양새가 참 독특한데 상단에 나뭇가지가 빽빽하게 꽂혀 있고 붉은색의 꽃(어떤 이는 박태기나무 꽃이라 주장한다)은 얼핏 보면 불이 붙은 것처럼 보이기도 한다. 『동경몽화록東京夢華錄』*의 기록에 따르면 가마 가득 버드나무 가지와 잡꽃을 꽂는 것은 청명절 풍속 중 하나였다. '놀라 날뛰는 말' 때문에 가마꾼이 가마를 안정적으로 메지 못하자 안에 타고 있던 여자가 발을 걷어 올려 바깥을 살핀다.

•『동경몽화록東京夢華錄』은 송대 맹원로孟元老가 변경을 회상하며 당시 풍속과 삶의 모습을 기록한 책이다. 주로 휘종徽宗 숭녕崇寧 연간부터 선화宣和 연간(1102~1125)까지의 일이 기록되어 있다. 북송 시대 도시와 사회의 모습, 경제와 문화를 연구하는 중요한 역사 문헌으로서, 비슷한 시기에 그려진 「청명상하도」와 함께 북송 시대 도시와 사회의 모습, 경제와 문화를 연구하는 데 풍성한 사료를 제공한다.

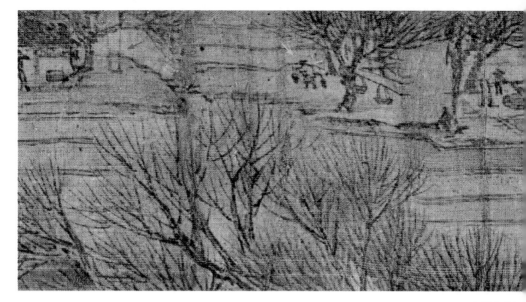

그림 2-29

5. 북송 청명 절기의 논밭과 기온

소란스러운 장면에 눈길이 쏠려 담장 너머의 넓은 논밭은 좀처럼 관심을 받지 못한다. 그림 2-29에서 노란색 화살표가 가리키는 것은 멜대를 짊어진 사람이다. 분뇨를 옮기는 모습이라는 의견도 있고 물을 길어가는 모습이라는 의견도 있는데, 둘다 일리가 있다. 파란색 화살표가 가리키는 곳은 우물이 확실해 보인다. 우물은 타원형이고 그 위쪽에 도르래 비슷한 것이 보인다. 도르래를 본 적 없는 젊은 독자들을 위해 또렷한 도르래 그림을 찾아 실었다(그림 2-30).

왼쪽에 빨간색 화살표가 가리키는 곳을 보자. 무엇일까? 바로 그네다! 그네 타기는 중국 고대 청명절의 풍습 중 하나였다. 담장 위에 있던 두 소년을 아직 기억하는가? 그네의 존재 덕분에 이곳이 소년들의 집이 아닐까 추측해볼 수 있다. 물 긷는 사

그림 2-30
『천공개물天工開物』 속
도르래

람, 그네, 도르래와 같은 사소한 소재들은 잘 눈에 띄지 않지만 송나라 사람의 일상생활을 이해하는 데 중요한 역할을 한다! 장택단은 정말로 세심한 사람이다.

논과 밭은 가지런히 정리되어 있고 그중 일부에는 푸른빛이 어렸다. 이를 채소밭으로 여기는 이도 있고, 청명절은 겨울 밀이 푸른 싹을 틔우고 반청수返靑水4를 뿌리는 시기이므로 밀밭이라 여기는 이도 있다.

「청명상하도」가 그려진 북송 말기의 기후는 지금과 확연히 달랐다. 중국의 기후는 북송 말기에 이르러 한랭기에 접어들었다(이 시기를 '소빙하 시대'라 일컫기도 한다). 이 한랭기는 북송 시

---

4 입춘이 지나 겨울밀이 싹을 틔운 후부터는 용수량이 현저히 늘어난다. 봄철에 기온이 상승하고 경작지의 수분 증발량이 증가하기 때문에 경작지가 건조하면 밀 재배에 불리하기 때문이다. 이때 공급하는 물을 반청수返靑水라 한다.

그림 2-31

대 휘종이 재위했을 때부터 남송 중기(1110년부터 1190년대까지)까지 거의 한 세기 동안 지속됐으며 1200년 이후가 되어서야 다시 따뜻해졌다. 이상저온 기후로 인해 재해가 빈번히 발생하면 전란이나 왕조 교체에 간접적인 영향을 끼치기도 한다.

북송 말기 청명절을 맞은 변경의 하루 평균 기온은 12도 안팎으로 '잠깐 따스하다가 다시 추워지는 시기'5라 할 수 있다. 육체노동을 하는 하층민들은 추위를 두려워하지 않는 듯 옷을 얇게 입고 있거나 웃통을 벗고 있거나 다리를 드러내고 있다. 반면 움직일 일이 별로 없는 사람이나 먼 길을 떠나는 여행자는 두꺼운 옷을 입고 있으면서도 추위에 움츠린 듯한 모습이다.

두꺼운 옷을 입은 여행자

---

5 송대 여류 시인 이청조李淸照가 지은 대표적인 사詞 「성성만聲聲慢」의 한 구절이다.

6. 변하汴河! 변하汴河!

　말이 놀라 날뛰는 장면을 지나자마자 변하를 만나게 된다. 어째서 변하를 보자마자 가슴이 벅차오르는 걸까? 아마도 이 강이 참으로 중요한 존재이기 때문이다.

　순화 2년(991) 6월, 변하의 제방 중 하나가 무너져 송 태종이 직접 현장 시찰을 나간 적이 있다. 그가 탄 보련步輦6이 진흙탕 길에 이르자 대신들은 황급히 환궁하기를 권했으나 태종은 시찰을 포기할 수 없다고 고집하며 이렇게 말했다. "동경에는 수십만의 병사가 양성되고 있고 100만의 백성이 거주하고 있다. 천하의 전조轉漕와 앙급仰給이 수로 하나에 의지하고 있는데 어찌 짐이 아랑곳하지 않고 편히 지낼 수 있겠는가?"

　북송은 동경, 남경, 서경, 북경의 4경을 둔 사경제四京制를 실시했다. 동경은 옛 변주汴州 지역에 위치했기 때문에 변경이라 불리기도 했다. '전조轉漕'란 각지로 양식을 조달하는 것을 뜻

6　임금이 타던 가마.

하는데, 옛날에는 육지 운송을 '전轉'이라 하고
수상 운송을 '조漕'라 했다. '앙급仰給'이란 타
인의 공급에 의존한다는 뜻이다. 즉 송 태종의 말은 동
경 안에 이렇게 많은 사람이 살고 있고 양식의 조달
및 물자의 공급을 변하에 의존하고 있는데 어떻게
근심하지 않을 수 있겠느냐는 뜻이다.

변하는 그 위치의 중요성 때문에 매우 중시되기도
했지만 한편으로는 골칫덩어리 강이기도 했다. 왜일
까? 변하는 황하의 물을 인공적으로 끌어들인 강으
로, 수량이 풍부하고 물살이 세다는 장점이 있는 반
면 몇 가지 단점도 있다. 첫째, 토사가 충적되는 까닭
에 매년 겨울이 시작될 때부터 봄이 올 때까지 수로
가 막히지 않도록 준설 작업을 해야 한다. 둘째, 황
하는 얼어붙기도 했는데 이른 봄이면 황하의 얼음 덩어리가
상류에서 세차게 쏟아져 내려와 제방이 무너지기도 했고 수로

송대, 작자 미상,
「송 태종 입상宋太宗立像」,
타이베이 고궁박물관 소장

가 막혀 수해를 입기도 했다. 북송 정부는 변하 연안에 수해가
발생하는 것을 막기 위해 매년 초겨울 변하와 황하가 맞닿는
물목에 겨울둑을 설치했다가 이듬해 청명 절기의 첫째 날에 겨
울둑을 무너뜨리는 조치를 취했다. 이 방법은 매우 번거로운데
다 조운량도 대폭 줄여야 했지만 그나마 당시 상황에서는 가장
나은 방법이었다.

겨우내 적막하던 변하는 청명절 첫날을 맞이하여 첫 배를 띄
웠다. 변하의 하구가 열리고 황하의 강물이 변하를 가득 채우
면 오래도록 기다렸던 다양한 배들이 곡물과 승객을 싣고 마
을과 밭을 지나 변경으로 향했다. 변하는 마치 하루 사이에 새

생명을 얻은 것처럼 배들이 앞 다투어 찾아드는 예전의 풍광을 되찾는다. 변경 사람들은 활기 가득한 변하의 첫날을 놓치지 않으려 배들이 줄지어 변하로 들어오는 '상하上河'를 구경했을 것이고, 이것이 해를 거듭하면서 풍속으로 자리 잡았을 것이다.

'상하'의 풍습은 한번 생겨난 뒤로 사라지지 않고 유지되었다. 송 신종 무렵 황하의 강물이 아닌 깨끗하고 결빙되지 않는 낙수洛水가 흘러들도록 물줄기를 바꾸었기 때문에 더 이상 겨울둑을 설치했다가 이듬해 봄에 무너뜨릴 필요가 없어졌지만 청명절의 '상하' 풍속은 계속되었다. 청명절은 수로가 분망해지고 저잣거리가 시끌벅적해지며 모든 것이 새로워지는 때다. 변하의 조운과 양안의 풍토를 살피기 위한 날을 택한다면 청명절이 가장 적당한 날이다.

7. 변하 부두와 좁은 사가斜街

변하의 부두에는 볼거리가 매우 많다. 지금부터 함께 꼼꼼히 살펴보기로 하자.

먼저 강 연안에 큰 배 2척이 정박해 있고 사람들이 화물을 뭍으로 실어 나르고 있다. 그림 속 4명의 짐꾼(그림 2-34의 빨간색 화살표. 그중 한 명은 나뭇가지에 상반신이 가려졌다)이 보이고 화물은 마대 자루 안에 담겨 있다. 짐꾼들의 몸짓과 마대 자루의 형태로 보아 자루에 담긴 것은 곡식이다. 곡식을 담은 자루는 꽤 무거워서 자루를 선박에서 내리고 옮길 때 다른 사람이 거들어줘야 한다. 포대 자루 위에 앉아 왼손을 들어 사람을 부리는 사람(검은색 화살표)은 주인으로 보인다. 식량을 운송하는 운량선運糧船의 흘수吃水가 꽤 깊은 것(녹색 화살표)을 알 수 있는데, 이것으로 보아 짐꾼들이 막 일을 시작했음을 알 수 있다. 화가는 화권의 도입부에서는 숯을 실은 당나귀 무리를 그렸고, 변하 연안에 다다랐을 때는 운량선을 그렸는데, 이로써 알 수 있는 것은 연료와 양식이 변경의 일상을 회전시키는 근간이라는 사실이다. 더욱이 화가가 그린 것과 그리지 않은 것, 먼저 그린 것과 나중에 그린 것은 모두 치밀하게 고려되었다는 사실을 알 수 있다.

하역장 옆에는 두 사람이 손을 맞잡고 있는데 그중 한 사람은 점쟁이다(보라색 화살표). 호객에 성공한 그는 지금 손님의 점을 봐주고 있다. 송나라 사람들은 점보기를 좋아했기 때문에 점쟁이가 무척 많았으며, 그들의 높고 낮음을 분류하는 등급이 존재할 정도였다. 등급이 높은 점쟁이는 노점을 차릴 수 있었지만 등급이 낮은 점쟁이는 그림 속 남자처럼 부두를 돌아다니며 하층 노동자나 작은 점포의 종업원을 상대로 영업했다. 남의 앞날을 봐주는 점쟁이 본인의 운명은 얼마나 처량한가.

점쟁이의 뒤쪽에 있는 사람(파란색 화살표)은 상반신을 다 드러내고 있는데, 방금 옷을 벗은 것인지, 입으려는 중인지 모르겠다. 그가 옷을 벗은 이유가 무엇인지가 중요할 텐데 아무리 생각해도 알 수가 없다. 어떤 사람은 이를 잡고 있는 모습이라는 픽 흥미로

그림 2-34

운 의견을 내놓기도 했다. 그의 다리 아래에 놓여 있는 물건에 대해서는 청명절에 쓰이는 도구라고 보는 견해도 있지만 동의하기 어렵다. 그것은 생계 활동을 위한 멜대와 밧줄이며, 그는 일감을 찾지 못한 짐꾼인 것 같다.

가여운 짐꾼이 있는 곳에서 흰색 화살표가 가리키는 곳을 보면 '마두사가碼頭斜街'가 나온다. 이 골목길 양쪽에는 주로 작은 식당들이 있는데 주요 고객은 행상인과 하층 노동자다. 반면 흰색 화살표가 가리키는 점포는 이 골목길에서 음식을 팔지 않는 유일한 곳으로 종이로 만든 사람, 말, 누각, 지전紙錢 등의 제례용품을 판매한다. 상점 주인은 이러한 제례용 종이용품을 길가에 겹겹이 쌓아두었는데 이것은 『동경몽화록』의 다음 기록과 완전히 일치한다. "청명절이 되면 모든 성문의 지마포紙馬鋪마다 길가에 둥글게 만 종이 제례용품을 쌓아두었는데 그 모습이 마치 누각과 같았다."

그림의 노란색 화살표가 가리키는 곳을 보면 벽돌로 된 축대가 있다. 축대 양쪽으로는 오르내리는 계단이 있고 축대 위에는 정자가 있다. 정자 안에 큰 탁자와 방석이 보인다. 이 건축물

의 용도에 관한 의견은 대체로 '망화루_望<ruby>火樓</ruby>'로 모아지는데, 이는 축대 위에 서서 도시를 내려다보며 불난 곳을 빠르게 발견하기 위한 소방 경비 시설이다.

송나라 조정은 화재 진압과 예방을 매우 중시해 어디든 소방대와 소방 시설을 갖추도록 했다. 『동경몽화록』에 다음과 같은 기록이 있다. "높은 곳에 벽돌로 망화루를 세웠고 그곳에 사람을 배치해 아래를 살피도록 했다. 망루 아래에는 관청을 설치해 100여 명의 군사를 주둔시키고 소화 기구도 두었다." 이 건축물의 기반이 벽돌인 것은 확실하지만 주변 건축물에 비해 그리 높지 않아 '탁망_{卓望}'(높은 곳에 올라 멀리 바라보다)은 제한적이다. 사실 망화루는 일반 건물보다 훨씬 높아야 위에서 아래를 살피는 것이 가능하다. 아래 그림을 보면 남송 시대 호숫가의 망화루가 그려져 있다. 망화루는 이렇게 높아야 화재 상황을 발견할 수 있다. 어떤 이는 본래 축대 건축물도 높았으나 한번 무너지고 난 뒤로 용도를 변경해 차를 마시거나 휴식을 취하는 작은 정자로 사용되었을 것이라 보았다. 그 말대로 이곳이 본래의 기능을 잃고 다른 용도로 쓰이게

남송, 항주 서호 연안의 망화루
(傳) 남송, 「서호청취도西湖淸趣圖」,
미국 프리어미술관 소장

그림 2-39

된 것이라면 도시 관리자 입장에서는 얼마나 우려되는 일인가!

이제 작은 다리에서 부두로 건너가 육로에서 수로로 이동할 것이다. 수로에는 무엇이 있을까? 더 많은 배 그리고…….

8. 강을 거슬러 큰 배들을 보러 가자!

부두를 지나면 더 많은 배를 볼 수 있다.

그림 2-39에 보이는 배는 앞서 보았던 운량선보다 훨씬 크다. 강가에 있는 가옥과 비교하여 배의 길이를 추측해볼 수 있고, 배 안에 걸린 대여섯 단 정도의 사다리(파란색 화살표)를 기준으로 높이도 가늠해볼 수 있다. 그러나 「청명상하도」에 등장하는 배들 중 가장 크다고 할 수는 없다.

그림 속 빨간색 화살표는 선박의 키를 책임지는 조타수를 가

그림 2-40　　　　　　　　　　그림 2-41　　　　　　　　　그림 2-42

리키고 있다. 배의 키는 조타수 아래(노란색 화살표)에 있는데 이러한 종류의 키는 '평형타平衡舵'라고 불리며 상하 이동이 자유로운 장점이 있다. 조타수는 배의 가장 높은 곳에 설치된 차양막 아래에서 원형 장치로 키를 조종한다. 타판의 구조를 자세히 보면 널판을 세로로 세워 이어 맞춘 후 가로대를 더해 보강했다. 평형타는 비교적 조작하기 수월하며 항로를 제어하는 기능도 탁월하여 운행하는 동안 선체가 안정적으로 유지되는데, 당시 이러한 기술은 세계적으로 앞선 것이었다! 그림 속 조타수는 선미의 차양막 안에서 휴식을 취하고 있다. 팔짱을 끼고 엎드려 얼굴의 절반을 파묻은 것으로 보아 잠들어 있는 것 같다. 장택단은 곧 발생할 큰 사건을 부각시키기 위해 그림 곳곳에 평온해 보이는 장면을 배치하는 데 매우 뛰어났는데, 이 또한 그중 하나다.

　그림 2-42에서 녹색 화살표가 가리키는 곳은 작은 부뚜막

그림 2-43

으로, 선원이 밥을 짓고 있다. 선장은 분명 술을 마시러 뭍으로
나갔을 것이다. 강 연안에 자리한 식당들은 창문이 활짝 열려
있어 손님들이 술을 마시면서 경치를 감상할 수 있다. 잠시 모
든 일을 멈추고 책임감에서 벗어나 아무것도 하지 않는다는 것
은 상상만 해도 즐거운 일이지만 아쉽게도 이 짧은 평화는 곧
산산조각 나고 만다!

9. 한곳에 모인 배들은 무엇을 하는 것일까

이 장면에서는 더 많은 배를 볼 수 있는데 서로 겹쳐져 있어

그림 2-45

자세히 살피지 않으면 구분해내기 어렵다. 당시 규정에 따르면 청명절 첫 출항일이 되면 관방의 조운선대漕運船隊가 홍교에 집결해 출항했다. 홍교 부두는 변경 동남부 지역의 곡물 운송 집산지였다.

좀더 꼼꼼하게 살펴보자. 그림 2-43에서 파란색 화살표가 가리키는 인물은 짐꾼이다. 그들 모두 얇은 작대기를 하나씩 들고 있는데 이것은 계산하는 데 사용되는 주籌7다. 검은색 화살표가 가리키는 곳에는 십장이 있다. 한 다발의 주를 쥐고 있는 그는 포대를 가지러 온 이에게 하나씩 내어주며, 모든 작업이 끝난 뒤 짐꾼들이 받은 주의 수량에 따라 품삯을 계산한다. 이러한 기주법記籌法은 꽤 오랫동안 사용해온 것으로, 20세기 초중반 사이에 제작된 다큐멘터리를 보면 짐꾼들에게 주를 내주는 장면이 담겨 있다.

빨간색 화살표가 가리키는 곳을 확대해 보면(그림 2-45) 수염을 길게 기른 남자가 있다. 나이 지긋해 보이는 그는 바닥에

7　(대, 나무, 상아 등으로 만든) 산가지로 수효를 셈할 때 쓰던 막대기를 뜻한다.

그림 2-46

엎드린 채 한쪽 다리를 들어 올리고 동료를 바라보고 있는데, 그 모습이 무척 홀가분하다 못해 사랑스럽다! 배의 앞쪽 선실에는 창문이 하나 열려 있는데(녹색 화살표), 붉은 옷을 입은 어린아이가 어머니를 올려다보고 있고 아이의 엄마는 생각에 잠긴 채 흐르는 강물을 바라보고 있다. 바로 옆에서 선원들이 외치는 소리도 그녀의 귀에는 들리지 않는 듯하다. 그녀는 아이를 데리고 어디로 가려는 걸까? 또 무엇을 생각하고 중일까?

  그림 2-43의 노란색 화살표가 가리키는 것은 뱃줄8이다. 뱃줄을 따라 멀리 올라가보면 다섯 명의 견부縴夫9(그림 2-47)가 강물의 반대 방향으로 배를 끌고 있다. 선실에 난 창의 덧문으로 보아 이 배는 화객선貨客船이다. 배에 실은 화물도 많고 강에

정박한 다른 배도 많은 탓인지 선원들이 긴박하게 움직이고 있다. 그림 2-46은 배를 확대한 것으로, 선주와 선원, 여인이 동시에 다른 배를 향해 손을 흔들면서 조심하라고 알리고 있다.

아치형으로 된 덮개와 좌현 위에 서 있는 두 선원의 손에는 수시로 선박의 방향을 제어하는 데 쓰이는 상앗대가 들려 있다. 좌현 아래에 서 있는 선원(흰색 화살표)은 수영 실력이 꽤 좋은 모양이다. 나라면 그 위치에 설 엄두도 내지 못했을 것이다.

10. 대형의 노櫓
그리고 화객선의 선원들을 걱정하게 만든 것

그림 2-47에는 화객선의 '동력'이 등장하고 있다. 화객선을 움직이게 하는 동력은 바로 저 멀리 강가 오솔길에서 강물의 반대 방향으로 선박을 끌어당기고 있는 5명의 견부다. 좀전에 화객선 위에 있던 이들을 긴장하게 했던 또 다른 배의 모습도 확인할 수 있다. 그것은 바로 강을 따라 이동하고 있는 재중선載重船(화물선)이다. 뱃머리와 꼬리에 각각 엄청나게 큰 노가 달려 있고 8명의 선원이 노에 매달려 함께 젓고 있다. 그림에는 뱃머리의 선원 8명만 보이는데, 강가의 커다란 나뭇가지에 가려졌을 뿐 꼬리 쪽에도 8명이 있다.

노櫓와 장槳은 어떤 차이가 있을까? 옛사람들은 크고 긴 것

---

8 배를 끌거나 매어두는 데 쓰는 줄.
9 배를 끄는 인부(강이나 운하를 거슬러 오르는 배를 끄는 것을 직업으로 하는 사람)

5명의 견부

그림 2-47

을 노라 했고 작고 짧은 것을 장이라 했다. 물론 노와 장은 크기와 길이가 다를 뿐 배를 앞으로 나아가게 하는 도구이긴 하다. 다만 장은 간헐적으로 힘을 가하는 것으로, 한번 휘젓고 잠시 쉬었다가 다시 저으면 배가 서서히 앞으로 나아간다. 반면 물고기 꼬리의 움직임을 모방한 노는 연속적인 추진력을 제공한다. 보통은 뱃머리와 꼬리에 설치하며 물고기가 꼬리를 치듯이 좌우로 흔들어 배를 나아가게 한다. 옛말에 '일로삼장—櫓三槳'이라는 말이 있는데, 노가 장보다 몇 배나 효율적이라는 뜻이다. 또한 지렛대의 원리로 움직이기 때문에 조작하기 훨씬 수월하다. 하지만 지금 그림 속의 노는 지나치게 커서 여러 명이 함께 힘을 합쳐야만 저을 수 있다.

노 젓는 선원들을 더 자세히 관찰해보자. 선원 8명이 양편으로 나뉘어 각각 4명이 힘껏 노를 젓고 있다. 왼편에서 노 젓는 사람들은 몸을 뒤로 젖혀 노를 끌어당기고 있는데, 그들의 왼쪽 다리를 잘 보면 다리가 뒤로 들려 있는 것을 볼 수 있다. 노의 움직임 폭이 얼마나 큰지 짐작할 수 있게 한다. 그러는 동안 맞은편의 네 사람은 노가 뒤집히지 않도록 내리누르면서 움직이는 방향의 각도를 제어하고 있다. 다른 사람들이 끙끙거리며 힘쓰고 있는데 한 선원(빨간색 화살표)은 입을 벌린 채 바보처럼 웃고 있다. 낙천적인 면모를 보여주는 듯하다. 선원들은 오로지 노 젓는 데 정신이 팔려 있어 위험이 코앞에 닥친 사실을 전혀 모르고 있다. 알고 보니 앞의 그림에서 화객선에 탄 사람들이 재중선을 향해 소리 지른 이유는 그들 자신의 안전을 염려한 게 아니었다. 재중선에 탄 정신머리 없는 사람들은 노 젓는 데만 열중하느라 바로 앞에 닥친 커다란 위기를 모르고 있다!

치마

개당고   장삼

11. 배 덮개 위에 널어놓은 아랫도리

재중선이 어떠한 위험을 일으키는지 살펴보기에 앞서 근처에
있는 작은 배를 살펴보자. 변하 연안에서 그림을 보는 이와 가
까운 쪽에 배 한 척이 정박해 있다. 이것은 크고 호화스러
운 화물선도 여객선도 아닌 작은 어선이다. 크기가 작은
만큼 재중선의 커다란 노가 일으키는 물살로 인해 이 작
은 배는 뒤뚱뒤뚱 불안하게 흔들릴 수밖에 없다. 한 여
인이 막 빨래를 마쳤는지 깨끗하게 세탁된 옷들을 갑
판 위에 널어 햇볕에 말리고 있다. 양쪽 끝에 널어놓
은 것은 장삼과 치마, 가운데 것은 바지다. 이 바지에
뭔가 특별한 점이 없는지 유심히 살펴보자. 이것은 앞
서 언급했던 개당고開襠褲다! 더 정확하게는 바지의 뒤
쪽만 트여 있기 때문에 '반개당고'라 해야 맞다. 이러한 종
류의 개당고는 옛 그림에 종종 등장하기도 하는데, 5대10국의
「강행초설도江行初雪圖」와 「갑구반차도閘口盤車圖」에도 나온다. 이

**그림 2-50
개당고를 입고 있는 사람.**
당나라, 작자 미상,
「백마도百馬圖」
고궁박물원 소장

두당포兜襠布를 둘러맨 소년.
오대, 조간趙幹, 「강행초설도江行初雪圖」,
타이베이 고궁박물관 소장

개당고를 입은 소년.
오대, 조간, 「강행초설도」,
타이베이 고궁박물관 소장

개당고를 입고 엉덩이가
노출된 짐꾼.
오대, 「갑구반차도閘口盤車圖」,
상하이박물관 소장

밖에도 당나라 때의 「백마도白馬圖」에는 개당고를 입는 중인 인물을 볼 수 있는데(그림 2-50), 이러한 장면이 담긴 중국의 옛 그림은 굉장히 드물어 그 가치가 매우 높다.

「청명상하도」의 빨래를 널어 말리는 장면 덕분에 남성과 여성 모두 개당고를 입었다는 사실을 알 수 있게 되었다.

엉덩이를 내보이는 옷을 입다니 얼마나 부끄러운 일이냐고 말하는 사람도 있겠다. 물론 일반적인 성인이라면 개당고만 입은 채 밖을 나다니지 않았다. 개당고를 입은 다음에 다른 사람이 보지 못하도록 장삼이나 치마를 덧입었다. '일반적인'이라고 말한 이유는 더 정확하게 설명하기 위해서다. 왜냐하면 여성이 없는 장소에서 육체노동을 하는 남성들은 엉덩이를 드러내는 데 전혀 개의치 않고 개당고만 입었기 때문이다(「갑구반차도」에 나오는 짐꾼처럼 말이다). 그렇다면 (나처럼 나이 지긋한) 짓궂은 아이가 이렇게 물을 수도 있겠다. "옛날에 개당고 입은 사람이 길에서 허리를 굽히거나 갑자기 바람이 확 불어오면 엉덩이가 노출될 수도 있겠네요?" 그렇다. 그런 일이 발생할 수도 있다. 「청명상하도」의 후반부에도 길가의 우물가에서 허리를 굽혀 물을 긷는 남자가 등장하는데 짧은 개당고를 입은 탓에 바람이 불지 않아도 그의 엉덩이는 거리낌 없이 세상 구경을 하고 있다. 그 뒤편으로 변경성의 왁자지껄한 거리가 펼쳐져 있다.

12. 비밀스러운 여행자

빨래를 널어 말리는 중인 배 맞은편에는 말을 탄 여행자가 도성을 향하고 있다. 그림 2-54의 인물은 우리가 지금까지 봐 온 사람들의 차림새와는 달리 두꺼운 옷을 입고 있으며 빈틈없이 몸을 꽁꽁 여몄다. 머리에는 추위나 모래바람을 막아주는 풍모風帽(방한모)를 썼고 그 아래에 '변발' 비슷해 보이는 기다란 끈 같은 것이 늘어뜨려져 있다. 이 인물이 금나라 사람이며 심지어 금나라가 보낸 첩자일 거라고 보는 견해도 있다. 꽤 흥미로운 추측이긴 하지만 기다란 끈을 변발이라고 확정할 수는 없다. 왜냐하면 「청명상하도」에는 분명히 송나라인의 옷차림에 변발 비슷한 것을 늘어뜨린 사람이 둘이나 더 등장하기 때문이다(그림 2-55, 2-56).

어쨌든 이 인물이 먼 타지에서 온 것만은 분명해 보인다.

그는 북방에서 온 걸까? 어디로 가려는 걸까? 시선을 끌 만

그림 2-54   그림 2-55   그림 2-56

큼 비둔해 보이는 옷과 꽁꽁 덮어쓴 풍모 아래 어떤 사연을 숨기고 있는 걸까? 그의 뒷모습은 「청명상하도」 중에서 나의 호기심을 가장 크게 자극한다. 그는 바로 옆에서 물을 쏟아버리는 여인도 보는 둥 마는 둥, 강 위에서 선원들이 외치는 소리도 들은 척 만 척이다. 지금 벌어지고 있는 모든 일은 그의 관심을 끌지 못하는 듯하다. 그는 그저 묵묵히 앞으로 나아가고 있을 뿐이다. 그의 뒷모습을 보면 왠지 모를 슬픔이 느껴진다.

13. 연쇄 위기에 처한 선박들의 사연

연쇄 위기에 처한 배에 관해 이야기하기에 앞서 빨래를 마친 여인과 여행자에 관한 이야기를 '끼워' 넣었다. 이제 재중선이 어떠한 위험에 처했는지 살펴보아야 한다. 책을 반듯하게 펼쳐 보자. 펼친 면에 걸친 그림 2-57을 통해 세 척의 배가 어떠한 관계에 놓여 있는지 파악할 수 있다. 설명하기 쉽게 세 척의 배

를 A, B, C라 부르기로 한다.

두루마리 그림을 감상하는 전통적인 방법은 요즘 박물관에 전시된 것처럼 완전히 펼쳐서 한눈에 감상하는 것이 아니라 한 단 한 단 펼쳐서 보는 것이라고 앞서 설명한 바 있다. 화권을 B의 위치까지 펼쳤을 때는 A가 자신의 안전을 위해 B에게 경고하는 것으로 보일 수 있다. 그러나 화권을 C의 위치까지 펼치고 나면 그 생각이 틀렸음을 깨닫게 된다. A 위에서 내려다보는 사람의 시선은 B뿐만 아니라 먼 곳에 있는 C도 볼 수 있다. 즉 A 위에 있는 사람은 C가 처한 위험부터 발견했을 가능성이 있다. 더불어 B의 노 젓는 사람들이 속도를 줄이지 않고 C를 향해 힘껏 노를 젓고 있다는 사실도 알아차렸을 것이다. 하지만 C는 자신이 처한 위험(구체적인 상황은 뒤에서 상세히 설명하겠다)에서 벗어나는 것만으로도 벅차서 B와의 충돌을 피할 겨를이 없다. A에 타고 있는 사람들이 고함을 지른 이유는 바로 여

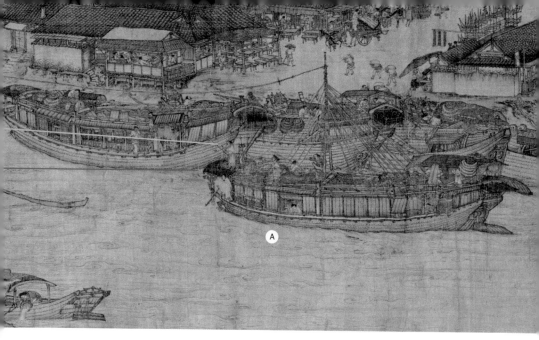

그림 2-57

기에 있다.

　그렇다면 A와 C 사이에 어느 정도 거리가 있는데 어째서 A가 C를 먼저 보았다고 하는지 궁금할 것이다. 그 이유는 두 척의 배가 같은 '계열사' 소속이기 때문이다. 다시 말해서 동일한 선대船隊에 속해 있어서 A가 C의 동정을 주시한 것이다. 그렇게 판단한 근거는 무엇일까? 두 척의 배가 서로 비슷한 점이 매우 많기 때문이다. 첫째, 두 배는 모두 화객선이다. C의 앞뒤 선실의 창문이 모두 안으로 접혀 있고 승객이 있다. 중간 선실의 창문은 닫혀 있는데 A와 같이 아래층 선실을 비롯한 위층 선실 역시 화물이 가득 실려 있을 것으로 추측된다. 둘째, 두 배 모두 견부가 끌고 있다. 셋째, 승선자들의 신분 역시 비슷하게 노부인, 젊은 여인, 아이다. 그 밖에 '인정과 도리情理' 역시 하나의 유력한 증거다. A에 탄 사람들이 C를 보며 안절부절 못하는 모습은 두 선박이 서로 긴밀한 관계에 있음을 암시한다.

이 시점에서 B에서 노 젓던 선원들을 다시 떠올려보면 생각지도 못한 문제를 깨닫게 될 것이다. 그 뱃사공들은 최선을 다해 노를 젓고 있지만 이들을 인도할 키잡이의 부재로 인해 위험에 처해 있다. 이들은 위험한 상황을 만든 장본인이자 피해자가 될 수 있다. 그렇다면 B가 C를 향해 계속 질주할 때 어떤 위험에 맞닥뜨리게 될까?

펼치기 전의 수권
다음에서 설명하겠지만 옛날 사람들은 수권을 감상할 때 한 단 한 단 펼쳐서 보았다. 이러한 전통적인 방식으로 수권을 감상하면 뜻밖의 사건과 이야기를 끊임없이 발견하게 된다.

애가 타는 선박 A

홍교 아래의 선박 C

14. 홍교! 홍교!

C가 직면한 위험이 무엇인지 확실히 이해하기 위해서는 먼저 홍교부터 살펴보아야 한다. 그렇다, 홍교다! 앞서 변하를 보았을 때도 가슴이 벅차올랐는데, 홍교를 보니 또다시 가슴이 벅차오른다! 홍교는 두루마리 그림 전체의 중심이면서 가장 유명한 곳이기도 하다. 지금부터 이 다리에 대해 공부를 하고 나서 다리 위아래에서 벌어지고 있는 일들을 살펴보기로 하자.

이 다리는 너비가 굉장히 넓은 목교木橋로, 일부 학자는 너비가 최소 8미터에 달한다고 추정한다. 이렇게 큰 규모의 목교가 중간에 교각橋脚이나 교대橋臺도 없이 양쪽 강기슭만 디딘 채 나는 듯이 강을 가로지르고 있어 비교飛橋라 불리기도 한다. 또

다리에 적색 옻칠이 되어 있어 멀리서 보면 채홍彩虹(무지개)처럼 보여 홍교虹橋라고도 불렀다.

홍교는 어떻게 지어졌을까? 튼튼한 목재를 엮어서 만든 아치형 구조물이라 생각되지만 구체적인 가설 방법은 전해지지 않아 후대 사람들은 알 도리가 없다. 가설 방법에 대한 기록은 고사하고 장택단의 이 그림 덕분에 옛사람들이 이러한 비교를 건설할 수 있었다는 사실을 확인할 수 있었다. 이 다리를 설계한 사람은 누구일까? 송나라 때의 문헌인 『민수연담록澠水燕談錄』에 맨 처음 설계한 사람의 신분이 기록되어 있다. 그는 바로 뇌성폐졸牢城廢卒, 즉 군대로 유배를 와서 노역을 살았던 신체불구의 사졸이었다! 이 병사의 이름은 '보잘것없다'는 이유로 문헌에 기재되지 않았다.

홍교 다릿목의 네 모퉁이에는 각각 장대가 높이 세워져 있고(빨간색 화살표), 장대의 윗부분에는 십자 모양의 나무틀이 있다. 장대 꼭대기에는 선학仙鶴 한 마리가 앉아 있는데 살아 있는 학이 아니라 학 모양의 조형물이다. 이 장대는 무슨 용도로 쓰였을까? 항해자들에게 풍향을 알려주기 위한 풍향계라는 의견이 있다. 풍향계는 고대에도 존재했는데 최초의 풍향계는 닭털로 만든 새 모양의 조형물로, 풍향에 따라 회전하다가 새의 머리가 가리키는 방향으로 풍향을 알아냈다. 그러나 그림 속 장대가 풍향계였을 가능성은 크지 않다. 이유는 매우 간단하다. 그림 2-65와 2-66의 두 장대는 감상자와 가까운 위치의 다릿목에 세워진 것인데, 왼쪽의 학 머리는 오른쪽을 가리키고 있고 오른쪽의 학 머리는 왼쪽을 보고 있다. 즉 두 학이 반대 방향을 가리키고 있다. 이런 풍향계로 방향을 알려준다면 선원들이 매우 혼란스럽지 않을까?

또 다른 해석 중 하나는 그것이 '표지목'이며 방위와 도로의 '홍선紅綫'을 표시하는 역할을 한다는 것이다. 이 장대는 홍교 주변뿐 아니라 경성 안 많은 거리 양쪽에 세워져 있다. 왜 이러한 '표목表木'을 설치해야 했을까? 북송 시대 경성에서는 개인이 공공도로를 비롯해 수로까지 불법으로 점유하는 문제가 매우 심각했기 때문이다. 잦은 단속에도 근절되지 않자 홍선을 넘어 거리를 점유하지 않도록 '표목'을 세웠다.

사실 변경 거리의 '불법 점유' 문제는 역사적으로 유래를 찾아볼 수 있다. 오대五代 후주後周 시대 세종 현덕顯德 3년(956)에 세종 시영柴榮은 "경성 내 도로의 폭이 50보면 거리 양쪽의 인가 모두 5보 이내에서 자유롭게 나무를 심고 우물을 파거나 차양막을 설치할 수 있다. 도로의 폭이 25~30보인 경우에는 각 3보씩 허용하며 그다음부터는 차등을 둔다"라는 내용의 조서를 공포했다. 즉 도로 양쪽에 거주하는 백성에게 도로 전체 너비 중 5분의 1에 해당하는 공간을 합법적으로 점용하도록 한 것이다. 사람들은 그 공간에 나무를 심거나 우물을 파거나 천막을 치고 장사할 수 있었으니 정말 좋은 제도였다. 그러나 카이펑을 북송의 수도로 정한 이후 전 시대의 제도는 점차 심각한 '불법 점유' 문제로 변해버렸다. 거리에 면한 민가들이 도로를 점유한 정도가 지나쳐서 수레와 말이 원활히 이동하기 어려워졌기 때문이다. 부득이 송나라 조정은 도로 관리를 위한 전담 기구인 '가도사街道司'를 설립해 불법적인 거리 점유 문제를 해결하고자 했다. 하지만 송 조정은 도성의 도로 구역을 관리하는 데 시종일관 포용적이고 개방적인 태도를 유지했고, 이는

그림 2-65　　**그림 2-66**

홍교의 표목(화표)

변경(훗날 임안臨安까지)이 당시 세계에서 가장 번화하고 거대한 도시가 될 수 있었던 이유 중 하나였다. 만약 시간을 거슬러 과거의 어느 도시로 여행할 수 있다면 나는 틀림없이 북송의 변경을 선택할 것이다. 복잡한 난리통이겠지만 먹거리와 볼거리가 무궁무진하며 사람 냄새가 매력적인 도시이기 때문이다.

다시 '표목'에 대해 몇 마디 보태자면, 표목은 '화표華表'이기도 했다. 화표는 일찍이 현명한 제왕이 간언을 채택할 때 쓰기 시작했다고 전해진다. 어떤 방식으로 간언을 채택했을까? 사통팔달의 큰길 어귀에 나무 기둥을 하나 세워놓고 그 기둥 머리에 가로목을 하나 교차시켜 모든 백성이 편하게 와서 의견을 낼 수 있게 했는데, 의견을 적은 나무판을 가로목에 묶어 걸어두면 어진 왕이 사람을 보내 거두어 가져갔다. 이때 '표表'란 제왕이 간언을 채택하는 것을 의미하고, 간언을 채택하는 것을 표시하는 나무 기둥을 '표목'이라 한다. 점차 이러한 의미가 옅어지면서 결국은 사라졌고 표목은 단순히 큰길을 표시하는 기능만 담당하게 되었다. 보통 다리는 중요한 길목에 위치하다보니 다리 부근에 화표를 세우곤 했다. 표목을 사용해 경계를 표시했으니 화표에 새로운 기능이 더해진 셈이다. 화표의 꼭대기에 학 조형물을 설치한 이유는 상서로움을 나타내기 위한 것으로, 선학은 태평성대의 상징 중 하나였다.

15. 다리 위의 노점과 위기 상황

앞서 말했듯 홍교의 너비는 최소 8미터다. 다리가 넓어서 행
상인들이 다리의 양 가장자리를 점유해 노점을 열었고, 그로
인해 다리 위로 쉴 새 없이 왕래하는 인마人馬가 더욱 붐비는
것 같다.

먼저 노점들이 무엇을 파는지 살펴보자. 밧줄(빨간색 화살표),
간식거리, 신발(파란색 화살표가 가리키는 것은 고객이 신발을 신어
보는 모습이다), 식칼과 가위류 등 다양한 물건을 파는 노점들이
즐비하다.

그림 2-67의 노란색 화살표가 가리키는 원반 아래에는 휴대
용 접이식 받침대가 있다. 이동할 때는 접어서 어깨에 메거나
옆구리에 끼워 들고 다니다가 적당한 장소에 이르면 받침대를
펴는 식이다. 그 위에 원반을 올리고 상품을 진열하기만 하면
바로 장사를 시작할 수 있다.

다릿목에는 한 여인이 장사를 하고 있다. 그녀가 파는 것이

그림 2-67

만터우饅頭라는 사람도 있고 황반黃胖이라는 사람도 있다. 황반은 청명절에 제사를 지낼 때 쓰이는 누런 진흙으로 만든 뚱뚱한 인형이다. 고대 여성들은 바깥출입을 삼가야 했을 텐데 어떻게 거리에서 만터우를 팔 수 있었을까 의구심이 들 수도 있겠다. 일반화할 수 없는 문제지만, 고대 중상류층의 여인은 저잣거리에 출입할 일이 거의 없었지만 가난한 집안의 여인들은 이것저것 따질 형편이 아니었기에 남자와 마찬가지로 거리에 나와 물건을 팔거나 손재주나 기예로 돈을 벌어야 했다.

고대 여성의 경제 활동에 관해 이야기하다보니 송나라 때 여자들이 상박相撲, 즉 씨름 공연을 했다는 사실이 떠오른다. 이 역시 기예로 먹고사는 것이라 할 수 있겠다. 그녀들은 거리에서만 공연한 게 아니라 황제인 송 인종 앞에서도 시연했으며, 다른 예인들과 함께 황제의 하사품을 받았다. 이 소식을 전해들은 사마광司馬光은 상소문을 올려 부녀자들이 벌거벗고 시연하는 공연을 황제가 구경하는 건 예법에 어긋난다는 항의와 더불어 여자의 상박 공연을 폐지할 것을 건의했다. 이렇듯 여자도 상박 같은 공연을 할 수 있었으니, 거리에서 장사하는 것쯤이야 아무것도 아니었다. 고서에 이러한 기록이 있다. "여자도 가리고 숨을 필요가 없다. 저잣거리에 나가 남을 위해 수를 놓는 것 정도는 전혀 이상하지 않다."

다리 중간쯤에 두 사람이 서 있는데(2-71) 그중 한 명의 오른 소매가 길게 늘어져 있다. 그는 '아인牙人'('아랑牙郎'이라고도 불림)으로, 상거래가 원활하게 이루어지도록 중간에서 연결해주는 중개인이다. 아인이 소매가 긴 옷을 입는 이유는 소매 속에서 손가락으로 가격 흥정을 주고받기 위한 것이다. 이러한 식으로 협상을 하는 데는 쌍방에게 여지를 남겨서 거래가 평화롭게 진행되도록 하려는 의도가 담겨 있다.

그림 2-72는 '말과 가마의 길 다툼' 장면으로, 이 또한 홍교의 대표적인 장면이라 할 수 있다. 아무리 넓은 다리라도 양쪽에서 진입하는 사람들로 붐비기 때문에 말과 가마 사이에 충돌이 일어날 수밖에 없다. 말 탄 무리와 마차 탄 무리 사이에 싸움이 벌어지려는 상황으로 보는 견해도 있는데, 그리 심각한 상황 같지는 않다. 그림을 보면 마부가 황급

"이 잡항砸缸10의 사마광아, 다 좋은데 현실감각이 떨어지는구나. 백성이 좋아하는 여성의 상박을 짐이 보는 것이 무엇이 나쁘다는 게냐? 내가 백성과 함께 즐기니 백성도 그렇게 즐거울 수 있는 것이로다!"

북송, 작자 미상, 「송인종좌상宋仁宗坐像」, 타이베이 고궁박물관 소장

---

10 북송 시대 정치가이자 역사가인 사마광의 어렸을 때 일화에서 유래된 표현으로, 친구가 커다란 물항아리에 빠지자 그가 큰 돌을 던져 항아리를 깨고 친구를 구했다는 내용이다.

그림 2-72

히 고삐를 잡아당겨 말을 멈춰 세웠고, 고삐를 세게 당긴 모양인지 말이 괴로운 듯 고개를 틀고 있다. 말과 가마의 선두에 선 인물을 살펴보면 그중 한 명이 오른손을 들며(파란색 화살표) "우리는 오른쪽으로 가겠소!"라고 말하는 것 같고, 맞은편에 있는 사람도 오른손을 들어(노란색 화살표) "우리도 오른쪽으로 가겠소!"라고 말하는 것 같다. 그들은 결코 싸우려는 게 아니다. 더욱이 싸우는 장면을 그려 넣는다는 건 저속한 것으로, 장택단은 그럴 사람이 아니다. 다만 그는 거드름을 피우거

그림 2-71

나 남을 함부로 대하는 등의 장면은 그림에 넣었다. 말을 탄 관인이 왼손에 든 채찍으로 다리 난간 쪽에 있는 사람을 가리키고 있는데, 한 평민이 고개 돌려 그를 쳐다보는 것으로 보아 분명 귀에 거슬리는 말을 한 것 같다. "구경 나온 너희 때문에 다

리가 붐벼서 '말'이 나가질 못하잖아!"라고 말하지
않았을까.

'말과 가마의 길 다툼' 때문에 사람들은 근처에
서 곧 발생할 위기 상황을 눈치 채지 못하고 있다.
그림 2-74의 흰색 화살표가 가리키는 곳을 보면
한 맹인이 걸어가고 있는데 지팡이로 길바닥을 살
피느라 앞쪽에서 짐 실은 당나귀 두 마리가 오고
있음을 알아차리지 못한 상황이다. 그중 한 마리
는 맹인 바로 앞까지 도달했는데 더 걱정스러운

그림 2-74

것은 그 옆에 가마가 있어서 당나귀가 맹인을 피할 공간이 없
다는 것이다.

다시 다리 근처에서 구경하는 사람들에 대해 이야기해보자.
그들은 대체 무엇을 보고 있는 걸까?

다리 아래에서는 큰 배가 위기 상황에 놓여 있다!

그 배는 다름 아닌 C다!

그림 2-75

16. '큰 배가 처한 위기'의 진실

다시 한 번 큰 배들이 처한 충돌 위기를 떠올려보자. 배 B가 C를 향해 돌진하고 있고, 이를 본 A는 B를 향해 경고하고 있다. 배 C는 이 위기를 초래한 장본인이다. 도대체 무슨 난리가 난 것일까?

큰 배가 홍교를 지날 때는 미리 돛대를 접어야 하는데 C는 다리 아래로 접어들도록 돛대를 접지 못했다. 선체는 방향을 틀었지만 물살이 센 모양인지 다리와 충돌할 위기에 놓였다. 이러한 위기를 모면하기 위해 모든 선원이 긴박하게 움직이고 있다. 그림 2-75를 보면 일부는 뱃줄을 풀어 돛대를 접고 있고, 일부는 다른 선박을 향해 소리치고 있고, 일부는 뱃머리를 돌리기

그림 2-78

위해 상앗대로 배질을 하고 있다. 또 어떤 선원은 수위를 측량
하는 흑백의 장대(노란색 화살표가 가리키는 곳)로 다리를 밀쳐내
고 있다. 심지어 뱃머리의 차양 덮개 위에 올라선 어린아이와
노파(파란색 화살표)도 힘껏 소리치고 있다. 어린 꼬마가 어른만
큼이나 열심이다.

　꼬마와 몇몇 어른은 일제히 한 방향을 가리키고 있다. 아니
나 다를까, 다리 아래에는 또 다른 위험이 기다리고 있다. 홍교
아래로 큰 노 하나가 보이는 것으로 보아(빨간색 화살표) 다른
배가 더 있는 게 분명하다(이 배는 그림 2-79에 등장한다)! 자칫
C는 다리에 부딪치는 것을 피하려다 다리 아래의 또 다른 배
와 충돌할 수가 있다. 바로 이 시각, 한마음으로 똘똘 뭉쳐 노
를 젓는 B의 선원들은 C를 향해 돌진하고 있다!

　다리 위의 사람들이 모두 구경만 하러 나온 것은 아니다. 그
중 5명 이상은 다리 난간을 넘어 작은 힘이라도 보태려 한다.
생각해보면 그들이 서 있는 다리 꼭대기도 굉장히 위험하다.
두 명이 밑으로 밧줄을 던지고 있는데, 그 밧줄은 어디서 났을
까? 다리 위의 한 노점에서 밧줄을 팔고 있었으니 그곳에서 잠
깐 빌려왔을 것이다. 이처럼 위대한 화권은 장면의 앞뒤 이야기

가 딱딱 맞아떨어지고 있다.

　마지막으로 '큰 배들이 처한 위기'를 매듭지어보자. 첫째, 장택단은 이야기에 능한 화가다. 그가 묘사하는 사건들은 모두 직간접적으로 관련이 있는데, C의 위기 상황 역시 독립적이지 않다. 전후, 상하, 좌우 모두 연결되어 있으며 이야기는 독립적 사건을 넘어서는 의미를 지닌다. 둘째, 그 이야기의 의미에 대해서는 노동자들이 한마음 한뜻으로 협력하고 있음을 상징한다는 견해와 배가 처한 위기가 나라가 직면한 (북으로 강한 적과 대치중이고 국내 정세는 혼란한) 위기 상황을 상징한다는 견해가 있다. 결국 배들은 위기에서 벗어날 것이다. 감상자들은 선박이 가까스로 위기에서 벗어나는 것을 보며 위안을 얻을 수도 있지만 두려움을 남길 수도 있다. 위험한 상황에서 벗어나는 것은 위안을 안겨주는 동시에 경계심을 불러일으키는 효과도 있기

그림 2-79 홍교 아래 정박한 요로선搖艪船(노 젓는 배)

때문이다. 이렇듯 장택단은 '놀라 날뛰는 말'과 '끊어진 버드나무'를 비롯해 화권 곳곳에 경고성 메시지를 심어놓았다. 이로써 그가 품고 있는 나라에 대한 근심과 우려를 느낄 수 있으며, 그러한 감정은 홍교에 이르러 절정에 달하고 있다.

17. 각점脚店은 무엇을 파는 곳일까

배들의 위기 상황을 간접 경험해보았으니 이제 긴장을 풀 겸 홍교 다릿목에 있는 주점을 살펴보자. 주점 입구는 홍목紅木으로 된 울타리 안쪽에 간판등(등상燈箱, 그림 2-80의 파란색 화살표. 울타리 안 간판등 근처에 쪼그리고 앉아 있는 한 사람이 있는데 발견하기 어렵다)이 있다. 간판등 한쪽 면에는 '각점脚店'이라 쓰여 있고 다른 면에는 '십천十千'이라 쓰여 있다. '십천'은 맛 좋은 술의 대명사로 쓰였는데[•] '십천각점十千脚店'은 이 주점의 상호인 듯하다. 밤이 되면 불을 밝힌 간판등은 연신 손님을 끌어들일 것이다. 각점이란 무엇일까? 『동경몽화록』에 "변경 안에 72호의 정점正店이 있고 그 나머지는 모두 '각점'이라고 한다"라는 기록이 있다. 여기서 말하는 '정점'이란 술을 빚을 수 있는 권리를

●"귀향하여 평락平樂에서 연회를 베풀었는데 미주美酒 한 말에 십천十千 전이나 했다." 삼국 위나라, 조식曹植, 「명도부名都賦」

그림 2-80

그림 2-81

획득한 호화 주점으로, 주루酒樓를 직접 운영할 뿐만 아니라 술을 빚어 각점이나 주호酒戶에 판매하기도 한다. 반면 주조를 허가받지 못한 주점은 대개 '각점'이라 불린다. 이 각점 입구의 나무 기둥 위에 간판 두 개가 걸려 있는데 각각 '천지天之'와 '미록美祿'이라 쓰여 있다. '천지미록' 역시 훌륭한 술의 대명사로*, 여기에서는 홍보용 광고 문구로 쓰였을 것이다.

각점의 입구 앞에 우뚝 솟은 구조물은 '채루환문彩樓歡門'11이다. 중요한 날이면 목조 구조물에 초롱을 달고 오색 천 장식으로 떠들썩한 분위기를 연출해 손님을 끌어 모으기도 한다. 채

●"술은 천지미록天之美祿이라, 제왕은 이로써 천하를 보양하고 제사를 지내며 복을 기원한다. 쇠약한 자와 병든 자를 돌보았다. 모든 의례는 술이 없으면 행할 수 없다." 후한後漢, 반고班固, 『한서漢書』 권24 「식화지食貨志 4」

11 여러 가지 고운 빛깔을 칠한 누각과 화려한 문

'음식 배달원'의 전체 모습

루환문에는 거리를 향해 긴 나무 막대기를 매달아 주렴酒簾을 걸었다. 송나라 때의 문헌 『용재속필容齋續筆』에 따르면 당시 모든 주점은 문밖에 큰 깃발 하나를 걸 수 있었으며 그 깃발은 "청색과 백색으로 된 천으로 만들었다"고 한다. 주렴에 아무 글자도 없지만 모든 사람은 주점 표식으로 알고 있었다. 주렴에 간단한 광고 문구를 써 넣는 것도 가능했는데, 『수호전』에서 경양강景陽崗의 주점에는 "석 잔 마시면 고개를 못 넘는다三碗不過崗"는 문구가 주렴에 적혀 있다. 이 그림 속 주렴에 적힌 글자는 손상되어 알아보기 어렵지만 '신주新酒' 두 글자가 적혀 있는 것 같다.

그림 2-81에 표시된 빨간색 화살표는 각점의 종업원이다. 그는 왼손에 사발 두 개를 받치고 오른손에 젓가락을 쥐고 있다. 각점의 종업원은 요즘으로 치자면 음식 배달원이라 할 수 있다. 그렇다, 송대에는 음식 배달이 유행했다. 종업원이 한 손에 두 개의 사발을 들고 있는 게 대단한 기술이라 여기는 사람도 있겠지만, 사실 이건 아무것도 아니었다. 『동경몽화록』에는 다음과 같은 기록이 있다. "행채자行菜者12는 왼손에 사발 세 개를 끼고 오른쪽 팔에는 손부터 어깨까지 약 스무 개의 사발을 겹쳐 쌓아 들었다. 내려놓으면 손님이 주문한 것과 틀린 게 하나도 없었으며 실수는 용납되지 않았다." 다시 말해서 요리를 내오는 종업원은 한 번에 약 스무 개의 사발을 옮기는 게 가능했다는 이야기다.(그들이 어떻게 해냈을지 상상하기 힘들다!) 게다가 종업원들은 어떤 손님이 어떤 음식을 주문했는지 정확히 기억해

---

12 음식점의 종업원

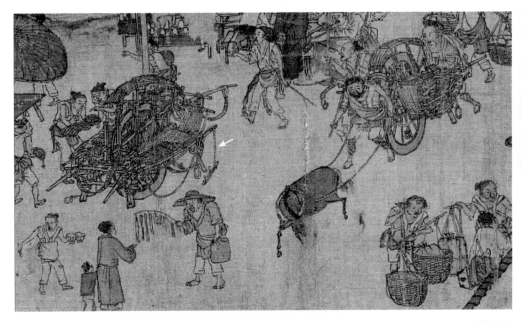

그림 2-84

서 전달해야 했으며 실수가 있어서는 안 되었다.

　그림 2-84에서 흰색 화살표가 가리키는 것은 운전거運錢車다. 옛날 사람들은 밧줄에 엽전을 꿰어 사용했는데, 엽전 1000개를 밧줄로 꿴 것이 1관貫이다. 그림을 보면 엽전 4~6관을 한 꾸러미로 묶어 운반인에게 건네주고 세어보게 하고 있다. 건네는 돈은 당연히 한 꾸러미가 넘는다. 뒤에 돈 꾸러미를 가져온 사람이 더 있고, 그림 2-81의 붉은색 울타리 뒤에도 허리를 구부려 돈을 옮기는 사람이 있다. 노란색 화살표들은 각각 그의 머리, 치켜든 엉덩이와 발 그리고 땅 위의 놓인 돈을 가리키고 있다. 저렇게 돈이 많은 걸 보니 이 각점은 꽤 장사가 잘 되는 모양이다.

18. 홍교 위 서로 얽히고설킨 위험

각점 근처에는 또 다른 위험이 두 곳에서 벌어지고 있다. 홍교 위에서는 앞선 두 곳의 위험(말과 마차의 충돌, 당나귀와 사람의 충돌)과 더불어 총 네 곳에서 위험이 드러나 있는데, 꽤 위험한 정도라 할 수 있다. 어떤 현상이 빈번하게 묘사된다면 이는 주제와 관련이 있다고 생각할 수밖에 없다. 심지어 홍교 부분의 주된 이야기는 주로 위기 상황에 대한 집중적인 표현이라 할 수 있다. 더욱이 홍교가 그림 전체의 중심에 위치해 있다는 것을 생각하면 '위기의식'은 「청명상하도」에서 피하기 어려운 주제다. 이어서 도대체 어떤 일이 발생했는지 살펴보자.

그림 2-84에서 음식 배달원 바로 옆에 있는 어른을 살펴보자(파란색 화살표). 어린 여자아이를 데리고 있는 그는 도붓장수에게 뭔가를 사려는 중이다. 도붓장수는 가늘고 긴 막대기를 오른손에 쥐고 있고 그 막대기에는 물건들이 가득 걸려 있다. 분명 아이들이 좋아하는 완구일 것이다. 도붓장수의 왼손에는

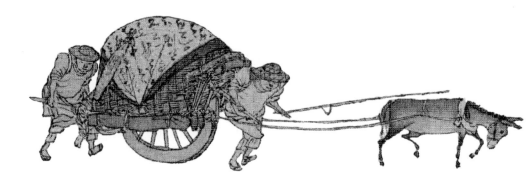

그림 2-86
짐을 가득 실은 천차

자루가 들려 있는데 막대기에 걸린 물건이 다 팔리고 나면 다
시 보충할 수 있도록 더 많은 상품이 들어 있을 것이다. 그들은
물건을 사고파는 데 정신이 팔려 있어 뒤에서 당나귀가 달려오
는 것을 눈치 채지 못하고 있다. 당나귀는 독륜차獨輪車를 끌고
있는데, 독륜차 앞에서 한 명이 끌고 뒤에서 다른 한 명이 밀고
있다. 이렇게 당나귀 한 마리, 독륜차 한 대, 두 사람으로 구성
된 조합을 독륜천차獨輪串車라고 한다. 이 천차串車는 아직 짐을
싣지 않았기 때문에(그림 2-86은 성문 밖에 있는 짐을 가득 실은
천차로, 뒤에서 자세히 설명할 예정이다) 날쌔게 다리 아래로 돌진
할 수 있다. 당나귀는 물건을 파는 데 정신을 팔린 도붓장수를
발견하고 황급히 고개를 돌려 피하려고 한다. 당나귀가 머리를
돌리지 않았다면 도붓장수의 엉덩이를 들이받았을 것이다! 천
차는 앞쪽과 뒤쪽의 호흡이 맞아야 하는데 당나귀가 갑자기
방향을 틀고 있으니 수레가 뒤집히지 않을까? 가능성이 없지는
않다.

　이제 다른 쪽을 살펴보자. 독륜천차 뒤쪽으로 당나귀 두 마
리가 다리에 오르고 있다(그림 2-87의 노란색 화살표). 당나귀
등에 커다란 짐이 실려 있는데 얼핏 봐도 무거워 보인다. 그들
이 막 방향을 틀어 홍교로 올라가려는데 바로 앞에 어린 소녀

그림 2-87

(빨간색 화살표)와 맞닥뜨린 상황이다. 왼쪽에 당나귀를 끄는 소년이 있지만 키가 작아서 시야가 확보되지 않아 여자아이를 제때 발견하지 못했다. 붉은색 바지를 입고 있는 어린아이의 얼굴은 훼손됐지만 머리 스타일이나 몸집으로 보아 네다섯 살쯤으로 보인다. 아이의 눈높이에서는 거대해 보이는 당나귀가 갑자기 나타나는 바람에 깜짝 놀란 소녀는 옆에 있는 어른을 불렀을 것이다. 그 집 어른은 다른 사람들과 함께 위기에 처한 배를 구경하고 있다가 아이가 부르는 소리에 재빨리 몸을 돌려 아이를 잡아당겼을 것이다.

이번 사고 역시 위험한 상황에서 가까스로 벗어나게 되었다면, 여기에는 어느 정도 아인(흰색 화살표)의 공로가 있을 것이다. 아인은 긴 소매를 휘둘러 당나귀를 내쫓아 간접적으로 어린 소녀를 도왔기 때문이다. 그가 아니었다면 무거운 짐 때문에 심술이 난 당나귀가 방향까지 바꿔야 했으니 아무 생각 없이 어린 소녀를 들이받아 다치게 했을 게 틀림없다.

이곳의 위험한 상황은 이렇게 끝이 났을까? 아직 끝나지 않았다! 당나귀 머리 근처를 보면 또 다른 아인(파란색 화살표)이 두 사람과 대화를 나누고 있다. 그들은 아마도 이러한 대화를 나누고 있을 것 같다. 한 명이 만면에 미소를 띠고서 "나와 함께 갑시다. 우리를 좀 도와주시오." 또 다른 사람은 "에이, 그런 법이 어디 있소! 이 사람은 나와 가기로 했소. 내가 먼저 왔잖소!" 중개인은 마음속으로 '서로 나를 데려가려 할 줄은 상상도 못했군'이라 생각하며 흰옷 입은 사람 쪽을 가리키며 앞 사람에게 말했을 것이다. "싸우지들 마시오. 내 먼저 저쪽에 갔다가 끝나자마자 당신네 일을 봐주러 곧장 가겠소." 그들 셋은 다릿목에서 대화에 열중하느라 다리에 오르고 있는 당나귀의 진로를 막고 있음을 모른다. 그때 당나귀는 다른 아인의 손짓에 놀라 세 사람을 향해 비틀거리며 다가가고 있다…….

홍교까지 살펴보았으니 이제 전체 그림의 절반을 넘긴 셈이다. 장택단은 여러 곳에 위험한 상황을 그려놓았지만 이미 벌어진 사고는 단 하나도 없다. 전체 그림을 통틀어, 화가는 사고가 발생하기 직전의 순간만을 그렸을 뿐이다. 다시 한 번 장택단이 얼마나 천부적인 이야기꾼인지 말하지 않을 수 없다. 활을 쏘기 위해 시위를 팽팽하게 당긴 시점은 엄청난 긴장감을 조성하며, 터지기 직전까지 팽창한 풍선은 언제 터질지 알 수 없다. 또

한 길게 줄지어 만든 도미노는 블록 조각 하나가 쓰러지면 전체가 무너질 수 있다. 긴장된 상황 아래에서는 감정과 의미를 비롯한 모든 것이 가장 충만하다.

살펴본 김에 다른 세부 장면들도 살펴보겠다.

그림 2-87에는 한 남성이 또 다른 남성의 어깨에 손을 올리고 있다.(녹색 화살표) 어깨에 손을 올리는 것은 친밀한 사이에서나 할 수 있는 행동으로, 현대 도시의 공공장소에서도 다소 기피되곤 한다. 더욱이 '몸을 밀착시킨 어깨동무'는 폄하의 의미까지 담겨 있다. 그런데 「청명상하도」에는 어깨동무 장면이 참 많다. 그중에는 남자와 남자뿐만 아니라 여자와 남자가 어깨동무를 한 장면(성안으로 들어가면 곧 볼 수 있다)도 있다. 그들의 편안한 상태나 주변 사람들의 대수롭지 않은 반응을 보면 송나라 사람들에게 어깨동무는 자연스러운 행위였던 모양이다. 이에 내가 느낀 점은 다음과 같다. 첫 번째, 어깨동무는 다

그림 2-88

그림 2-89

정한 마음의 표현이다. 다정함은 전통적으로 중국인에게 내재된 감정적 특성이며 이는 유교 문화가 사회에 스며든 덕분이다. 두 번째, 공공장소에서 친밀한 감정을 나타내는 행위는 한 가족처럼 친하다는 생각이 드러난 것이다. 한 단계 더 깊이 생각해보면 어깨동무와 불법 거리 점유는 동일한 관념적 배경을 가지고 있다. 민가와 상점에서 차양막을 설치해 사택과 공공도로 공간을 과도하게 침범한 것은 공과 사를 구분하지 못한 것이다. 이는 변경 저잣거리의 번화함과 혼란을 동시에 초래했으니 이로움과 폐단이 모두 존재한다고 할 수 있겠다.

　이야기가 너무 멀리까지 갔다. 다시 그림으로 돌아오면 당나귀 엉덩이에 나무 막대기가 매달려 있는 것을 볼 수 있다(2-88의 파란색 화살표). 이것은 '껑거리막대'라 불리는 것으로 전문가의 말에 따르면 당나귀의 체형은 뒤가 넓고 앞이 좁아서 사람을 태우거나 짐을 실을 때는 반드시 엉덩이에 껑거리막대를 매달아 앞으로 넘어지는 것을 방지해야 한다고 한다.

그림 2-89를 보면 홍교의 다릿목 거리에 면한 집에 큰 양산
두 개가 펼쳐져 있는데, 그중 한 양산의 가장자리에는 직사각
형 간판이 걸려 있고 '음자飮子'•라 쓰여 있다. 음자란 당시 유행
하던 음료의 한 종류로 오늘날 한약재로 달여 제조하는 냉차
와 같다.

그림 2-91

그림 2-92

19. 큰 강은 동쪽으로 흐르는구나

홍교를 지나면 변하는 방향을 틀어 저 멀리 아득하게 흘러간
다. 서사적 관점에서 보면 변하의 역할은 여기서 끝을 맺는다.
이제 두루마리 그림을 펼쳐 뭍으로 올라 성안으로 향해야 한
다. 하지만 서두르지 말자. 이곳에도 우리가 아직 못 본 '구경거
리'가 남아 있다. 먼저 먼 곳에서부터 가까운 곳 순서대로 살펴
보자.

그림 2-91의 멀리 왼쪽 강기슭에 네댓
척의 배가 정박해 있다. 뱃전과 강기슭 사이
에는 긴 널빤지가 걸쳐져 있는데 배에 타고
오르는 사람들을 위해 설치한 발판이다. 멜
대를 멘 사람이 벌써 발판에 올라섰고 강기
슭에는 노인과 소년이 다음 차례를 기다리
고 있다(그림 2-93의 빨간색 화살표). 수로의

**그림 2-93
변하의 왼쪽 기슭에서
승선하는 사람**

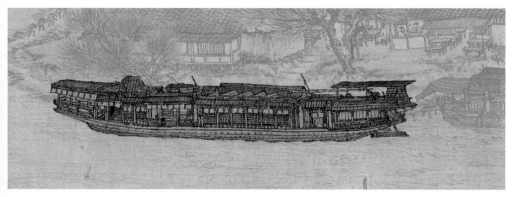

**변하 강굽이의
대형 여객선**

중앙에는 노 젓는 화물선이 있는데 이 배의 노 젓는 사람은 앞
뒤로 각각 8명이 아니라 6명으로 구성되어 있다(그림 2-92). 노
젓는 배 오른쪽에 있는 배는 뱃줄로 견인되는 중이다. 배 위에
서 노 젓는 선원이 연신 구령을 붙이고 있지만 거리가 멀어서
뱃줄을 끄는 이들의 귀에는 잘 들리지 않는 것 같다. 이 배에서
는 홍교 장면에서 보았던 떠들썩한 분위기는 찾아볼 수 없이
고요하다. 이곳의 수로는 꽤 넓어서 두 척의 배가 충돌할 염려
가 없다. 화가가 이곳에 다시금 두 종류의 선박을 그려 넣은 이
유는 아마도 홍교 아래의 위기 상황이 모두 해소될 것임을 암
시함으로써 보는 사람으로 하여금 긴장감을 풀어주려는 것 같
다. 이제 그림의 가까운 곳으로 시선을 옮겨 각점의 2층에 무엇
이 있는지 살펴보자.

　각점의 2층에는 두 그룹의 손님이 있다. 첫 번째 그룹은 그림
의 정면에 있고 두 번째 그룹은 측면에 있다(그림 2-95의 파란
색 화살표). 그들이 자리한 곳은 탁 트인 대청이 아니라 개별적
인 작은 방이다. 송나라 사람들은 이러한 작은 방을 '각자閣子'
라 불렀다. 나무판으로 각자와 각자 사이를 막아 공간을 분리
했기 때문에 어느 정도 사생활이 보호되었지만 방음 효과는 그

그림 2-95

다지 좋지 않았다. 누군가가 큰 소리로 이야기하면 옆 각자에 있는 사람에게도 들리게 되어 있다. 『수호전』 속 호걸들이 주루에 오면 늘 이러한 각자에서 술을 마셨다고 보면 된다. 확실히 이 그림 장면은 각자에서 호걸들이 술을 마시는 대목을 읽을 때 그 술자리가 어떠했을지 이해하는 데 도움이 될 것이다.

먼저 정면에 있는 그룹의 인물들을 보자. 한 명은 난간에 기대어 아래를 내려다보고 있다. 더 자세히 살펴보면 오른쪽 종아리를 왼쪽 넓적다리 위에 걸쳤는데 그 자세를 따라 해보면 그의 여유로운 심리 상태를 이해할 수 있을 것이다. "오랫동안 난간에 기대어 담장 너머 향긋한 살구꽃 향기를 맡았네"(북송, 조조曹組)나 "난간에 기대어 바라보니 세차게 내리던 비가 그쳤네"(남송, 악비岳飛)에서처럼 난간에 기대는 장면은 송사宋詞에서 볼 수 있는 대표적인 이미지 중 하나다. 지금 보고 있는 장면 덕분에 옛날 사람들이 어떤 방식으로 난간에 기댔는지 알 수 있다.

각점 2층의 난간에 기대어 다리를 꼬고 있는 사람

물론 난간에 기대는 사람 모두 그림 속 인물처럼 흐트러진 자세는 아니다. 악비가 '원대한 포부로 격앙된 마음'을 품고 난간에 기댔을 때는 완전히 다른 느낌이었을 것이다.

이제 2층의 외관으로 관심을 돌려보자. 무언가 특이한 점이 보이지 않는가? 그것은 바로 건물에 문만 있고 벽이 없는 것처럼 보인다는 것이다. 사실 이곳의 '벽'이란 한 짝의 선문扇門으로 이루어져 있다. 이러한 문을 '격자문格子門' '격선格扇' '격자格子'라 한다. 그 구조를 살펴보면 문의 약 3분의 2를 차지하는 상부는 사각 그물 모양의 격안格眼으로 되어 있고 하부인 3분의 1은 방수판으로 되어 있다. 격자문은 마음대로 여닫을 수 있고 떼어낼 수도 있다. 격자문을 설치하면 밀폐된 개인 공간이 되고, 격자문을 열면 훤히 트인 공간이 된다.

그러고 보니 최근 몇 년 동안 이어진 열띤 논쟁이 하나 떠오른다. 이백의 시 『정야사靜夜思』의 구절 중 "침상 앞의 밝은 달빛床前明月光"에서 '상床'이 과연 무엇을 의미하느냐는 것이다. 논란이 된 이유는 고대에는 방 안 창문이 작아서 달빛이 침상까지 비추기는 불가능하다는 의견이 제기됐기 때문이다. 이에 따라 누군가는 '상'을 호상胡床(접이식 의자)으로 해석하고 누군가는 우물 주변의 목책이라 해석하는 등 이백의 시에서 말하는 '상'은 집 바깥에 소재한다고 주장했다. 사실 이 시구는 애당초 논쟁거리가 되지 않는다. 집 안에서 밝은 달빛이 비추는 것은 '침상의 앞'이지만 집 밖에서는 모든 곳을 두루 비추기 때문이다. 정말로 '상'이 집 밖을 의미한다면 '앞'을 붙여 강조할 필요

가 없었을 것이다. '상' 뒤에 있는 '전前'자를 무시한 까닭은 고대에도 방이 훤히 트인 공간이라는 점을 받아들이지 않았기 때문이다. 각점의 2층뿐만 아니라 남송 시대의 그림인 「사경산수도四景山水圖」(그림 2-98)의 한 장면도 이를 뒷받침하고 있다. 강남의 가을 정경을 그린 이 그림 속 건축 공간은 매우 개방적이라 달빛이 침상을 비추는 데 전혀 문제가 없어 보인다. 물론 이 그림은 송대의 것이므로 당조의 상황과 다를 수는 있다. 그러나 적어도 '침상 앞의 밝은 달빛'의 합리성이 쉽게 의심될 정도는 아니다.

　다시 격자문으로 돌아와서 계속 이야기해보자. 건축물의 2층에는 공간을 여닫는 격자문과 반드시 함께하는 '짝'이 있다. 바로 난간이다. 이유는 매우 간단한데, 난간이 없으면 안전하지 않기 때문이다. 난간과 격자문 사이에 사람이 지나다니는 회랑

그림 2-99

그림 2-100

이 없이 바로 맞닿아 있는 구조로, 그림 속 남성은 탁자 옆에 앉은 채 난간에 기댈 수가 있다.

2층에는 또 다른 흥미로운 이야깃거리가 있다. 아래층의 종업원이 2층 종업원에게 사발을 건네는 장면으로(그림 2-99), 건물 내부의 계단이 직접적으로 보이는 건 아니지만 종업원들이 서 있는 곳에 계단이 있음을 알 수 있다. 더 자세히 살펴보면 요리를 건네는 종업원의 왼손은 사발을 받쳐 들었고 오른손은 계단의 난간 기둥을 짚고 있다. 이처럼 화가는 소홀한 부분 하나 없이 사소한 부분까지 진심을 다하고 있으니, 얼마나 감동적인가!

마지막으로, 각점의 정원 안에 있는 나무를 살펴보자(그림 2-100의 노란색 화살표). 전체적으로 「청명상하도」에서 이 나무는 어딘가 특별해 보인다. 전문가의 견해에 따르면 이 나무는 목란으로, 그렇게 보는 근거는 대략 세 가지다. 첫째, 목란의 나무껍질은 은회색이나 회백색을 띠고 잔가지가 매우 가느다랗

그림 2-101

그림 2-102 사거리의 오른쪽 위 모퉁이에 있는 점포의 세부 장면

다. 꽃봉오리는 가지 끝에 한 송이씩 피고 위로 뾰족하게 자란
다. 둘째, 고대에 허난 지역은 목란의 원산지 중 한 곳이었다. 셋
째, 목란은 고대에 정자나 누각 앞에 많이 심었으며 북방 사람
들은 이른 봄철의 꽃놀이로 주로 목란을 감상했다. 청명 절기
가 바로 목란이 꽃봉오리를 터뜨리기 시작하는 때다.

20. 성 밖 사거리의 이야깃거리

변하가 굽이쳐 흐르기 시작하면서 물길에 관련한 이야기는
마무리된다. 이제 거리를 구경하면서 성문을 향해 가보기로
하자.

부두에서 멀어지면 곧바로 사거리가 나온다. 앞의 그림
2-101이 바로 사거리의 전경도인데 부두와 가까워서인지 이야

깃거리가 참 많다. 먼저 사거리의 네 모퉁이부터 시작해서 구석구석 살펴보자.

그림 2-102를 보면 오른쪽 모퉁이의 길가에 면한 상점(이 점포의 바닥은 벽돌 두 개 높이로 돋워져 있다)에 네 사람이 한가로이 앉아 있다. 화가는 각 인물을 재미있게 표현했다. 왼쪽에 있는 3명은 일행인 듯하고 흰옷을 입은 A는 B와 C보다 지위가 높다. A는 B, C와 이야기를 나누는 중이지만 그들의 얼굴을 보지 않고 거리를 향하고 있다. 그는 왼손으로 지나가는 짐꾼을 가리키며 무어라 말하는 듯하다. 아마도 이런 내용이 아닐까 싶다. "이봐, 너희는 다 내 덕분에 잘 먹고 잘살잖아. 내가 아니었으면 저 짐꾼처럼 힘든 일을 하며 살았을걸?" C보다 나이가 들어 보이는 B는 "그럼요, 맞는 말씀이십니다!"라며 A에게 굽실거린다. C는 아직 젊어서인지 별말 없이 A가 가리키는 방향을 보고 있다. C의 앉음새를 유심히 보면 오른쪽 다리를 나무 의

자 위에 올려놓고 있는 게 왠지 건달 같은 느낌이다. A의 앉음새 역시 오른팔은 탁자 위에 걸치고 왼쪽 다리는 의자 위로 세웠다. 점잖지 못하고 거만한 인상이다.

옆 탁자에 혼자 앉아 있는 D를 보자. 그는 무엇을 하는 중일까? 짐꾼에 대해 이러쿵저러쿵하는 A의 말을 들으며 자기도 모르게 짐꾼 쪽을 바라보는 중일까. 그러나 보는 둥 마는 둥 멍하니 있는 것 같다. 그의 손을 자세히 보면 턱을 괴고 있다. '턱을 괸다'는 뜻을 지닌 우아한 어휘로 '지이支頤'라는 게 있다.⁕ 지이하고 있는 외톨이 손님의 앞에는 찻잔조차 없다. 생각할수록 의미심장해 기억에 남는 인물이다.

장택단은 인물의 시선을 활용해 인물들의 관계를 만들어냄으로써 설명 없는 이야기를 지어내는 능력이 탁월하다. 다음 장면을 예로 들어보겠다. D가 E를 쳐다보고 E 역시 고개를 돌려 D를 보고 있다. 옆 사람이 E에게 얼른 가자고 재촉하자 "잠깐만, 내가 아는 사람인 것 같은데"라 말하는 것 같다. 물론 이러한 인물 관계나 대화는 개인적인 추측일 뿐이니 여러분도 마음대로 상상할 수 있다. 이 장면을 글짓기 주제로 삼는다면 많은 이의 상상력을 자극할 것이다.

그림 2-105는 사거리 왼쪽 모퉁이에 위치한 가게 앞이다. 오른쪽 모퉁이의 주제가 '한가로이 앉아 잡담하기'라면 이곳의 주제는 '송별'이다. 장택단은 대비의 기법으로 송별의 정경을 그려냈다.

파란색 화살표 지점을 보면 송별의 정경이 그려져 있다. A와 B는 친구 사이로 보이는데 방금 전까지 음식점에서 전별주를 마셨는지 종업원이 잔과 그릇을 치우고 있다. A는 B가 당나귀

그림 2-105
사거리 왼쪽의 위 모퉁이 길가에 있는 상점의 세부 장면

⁕'지이支頤'는 당·송 때 시와 사에서 분위기 있는 이미지다. 당나라 시인 백거이는 「제야除夜」에서 "어스름한 저녁 턱을 괴고 앉았다가 한밤중에야 팔 베고 잠들었네"라 읊었고, 북송 때의 사인詞人 진관秦觀은 「옥루춘玉樓春·오창수기향소압午窗睡起香銷鴨」에서 "어리석은 생각으로 눈썹을 찌푸리고 턱을 괸 채 가늘고 긴 은색 손톱을 질근질근 깨무네. 애타는 속내 알아주는 이 없어 하릴없이 화렴花帘에 노니는 나비 한 쌍을 바라보네"라 읊었다.

에 오르는 모습을 지켜보고 있다. 여기서 누군가는 B가 말에 올라타려 한다고 보았는데 이는 잘못 본 것이다. 말은 A의 바로 뒤에 있다. 그냥 말이 아니라 몸집이 크고 기름진 말이다. 장택단이 이 장면에서 몸집 큰 말과 왜소한 당나귀를 그린 데는 다 이유가 있다. B의 고달픈 신세를 두드러지게 하려는 게 분명하다. B도 말 탈 자격이 있는 관원이긴 하나 폄적되어 쓸쓸히 나귀를 타고 경성을 떠나는 게 아닐까 추측해본다.

노란색 화살표가 가리키는 곳에는 가마 한 채가 있고 그 옆에 한 여인이 서 있다.● 손에 무언가를 들고 가마 안에 있는 사

● 여성의 머리 모양과 복식을 자세히 살펴보자. 그녀의 머리가 쪽머리를 틀어 올린 '반복룡盤福龍'이라는 의견도 있지만 확실한 것은 아니다(송대의 「여효경도女孝經圖」를 보면 쪽머리를 틀어 올린 반복룡이 뚜렷한 여성의 두상(그림 2-107)이 담겼다). 그러나 확실한 것은 그녀가 품이 넉넉한 단배자短背子를 입었다는 점이다(그림 2-106). 반복룡은 숭녕부터 대관大觀 연간(1102~1110) 사이에 유행한 머리 모양이며, 품이 넉넉한 단배자도 이때 함께 나타나기 시작했기 때문에 「청명상하도」 속 단배자는 그림의 제작 시기를 추측하는 데 도움을 준다. 배자는 일종의 외투로 앞의 두 섶은 겹치지 않고 단추로 여미며 옆자락과 뒷자락이 트여 있다. 단배자가 유행하기 전 송나라 여성들은 주로 발등까지 떨어지는 긴 배자를 입었다. 송 휘종 선화 연간(1119~1125)부터는 품이 넓은 배자가 아닌 몸에 딱 붙는 스타일로 변화했다. 그림 2-108은 몸에 딱 붙는 붉은 장배자를 입은 여성의 모습이다.

그림 2-106

그림 2-107 반복룡 쪽머리를 틀어 올린 여성
남송, 『여효경도』 권, 고궁박물원 소장

람과 대화하는 중이다. 그녀는 가마에 타려는 손님일지도 모
르겠다. 가마 옆에 있는 두 사람은 가마꾼이다. 이 가마는 작
은 나귀와 일행일까? 그런 것도 같고 아닌 것도 같다. 서로 가
까운 거리에 있어서 일행이라 생각되기도 하는데, 가마에 타
고 있는 사람(혹은 가마 옆에 있는 사람)이 나귀에 타려는 사람
의 안식구가 아닐까 싶다. 일행이 아니라고 생각할 수 있는 이
유도 있다. B가 나귀에 올라 떠날 채비를 하는 반면 가마는 출
발할 기미가 전혀 안 보이는데다 두 가마꾼이 여전히 수다를
떨고 있기 때문이다. 요컨대 그들이 서로 관계된 사이인지 낯
선 사이인지 계속 추측하게 만든다. 어쨌거나 확실한 것은 이
가마 역시 맞은편 뒤쪽의 화려하고 웅장한 대형 마차와 대비
된다는 사실이다. 작은 나귀와 기름진 말이 서로 대비를 이루
는 것처럼 화려한 대형 마차는 보잘 것 없는 작은 가마를 부각
시킨다.

이제 마지막으로 두 개의 세부 장면을 더 살펴보자. 점포 안
나무 기둥에 소렴小簾(빨간색 화살표)이 걸려 있는데, 아마도 '우

그림 2-108
남송의 붉은색 장배자를
입은 궁정 가악 기녀
남송, 『가악도歌樂圖』 권,
상하이박물관 소장

그림 2-109

리 가게의 대표 메뉴'와 같은 광고판일 것이다. 가게 밖 옆에는
늙은 버드나무 아래 웃통을 벗은 중년 남자가 바닥에 주저앉
아 꾸벅꾸벅 졸고 있다(흰색 화살표). 이 인물은 「청명상하도」에
서 가장 연민을 불러일으키는 사람 중 하나다.

다음으로, 작은 마차와 나귀를 초라하게 만들었던 호화로운
대형 마차를 살펴보자.

자, 그림 2-109에 두 대의 호화로운 마차가 보인다. 앞서가는
마차는 이미 길모퉁이를 돌아 성문을 향하고 있다. 마차 앞에
덮개와 같은 높이의 푸른색 우산이 씌워져 있다는 것은 마차
를 탄 사람의 지위가 높다는 것을 말해준다.[•]

뒤이어 가는 마차는 좌우로 시중꾼이 호위하고 있다. 오른쪽

• 고대에는 각 지위에 맞는
우산을 사용하도록 엄격히
규제했다. 송 휘종 때 청라
산青羅傘을 받쳐 들고 출행
하면 백관이 모두 피하여 양
보했다. "휘종 정화政和 3년
에 연燕과 월越 두 왕이 출입
했으나 백관이 양보하지 않
았다. 이에 청라산을 여러
차례 하사하여 고사故事가
되었다."(『송사宋史』 권150,
「지志 153·예복輿服 2」) 여기
서 말하는 '고사故事'란 제
도, 규율, 관례를 의미한다.

바퀴 옆의 시중꾼은 손에 채찍을 쥐고 고개를 쳐들고 호통치고 있다. 근처에 아무도 없음에도 "비키시오! 모두 비키란 말이오!"라고 외치는 듯하다. 방자하고 횡포하게 구는 태도를 뜻하는 '발호跋扈'란 바로 그를 두고 하는 말일 것이다! 이 인물의 역할이 하나 더 있다. 마차의 높이를 알려주는 것으로, 바퀴가 한 사람의 키보다 높으니 마차 전체 높이는 두 사람의 키를 합친 정도일 것이다. 이러한 대형 마차 옆에 서 있는 게 어떤 느낌일지 상상할 수 있다. 더구나 앞에는 덩치 큰 두 마리의 소가 마차를 끌고 있으니(앞쪽의 소는 거들기만 하고, 뒤쪽의 소가 끌채를 메고 끌고 있다) 늠름한 기세를 더욱 실감하게 된다.

마차 지붕 덮개의 소재가 매우 특별해 보인다. 그것은 종려나무 잎으로 만든 것인데, 굉장히 고급스럽다. 마차의 앞뒤로는 문이 있고 그 문에는 발簾子이 드리워져 있다. 마침 발이 흔들려 마차 안에 앉아 있는 여성이 보인다. 『동경몽화록』의 기록에 따르면 이러한 종류의 마차는 주로 '가족(특히 부녀자)용 마차'로 쓰였다.

마지막으로, 말을 타고 마차 뒤를 따르고 있는 사람을 보자. 빨래가 널려 있는 작은 배 옆을 지나가는 여행객과 굉장히 비슷하게 느껴지지 않는가? 그 역시 풍모를 썼고 '변발'을 늘어뜨렸으며 뒷모습이 매우 비밀스러워 보이는 게 뭔가 숨겨진 사연

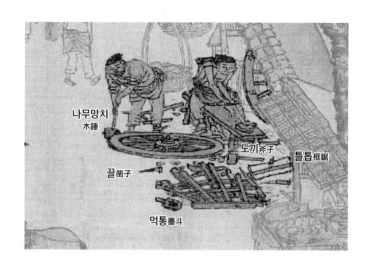

나무망치
木錘

도끼斧子

끌鑿子

틀톱框鋸

먹통墨斗

이 있을 것 같다. 이 책의 목적은 여러분과 함께 열심히 그림을 감상하는 것일 뿐 샘솟는 상상력으로 이야기를 지어내는 것이 아니기 때문에 더 이상 내가 상상한 이야기는 꺼내지 않겠다. 하지만 여러분이 자유롭게 상상한다면 그림을 보는 과정이 더욱 즐거울 것이다.

21. 수레 정비소의 공구들

사거리 근처에는 수레 정비소가 하나 있다.

두 명의 수리공이 일하고 있고 바닥에는 공구들이 널려 있다. 그중 나무망치, 틀톱, 끌, 도끼, 먹통은 명확히 알아볼 수 있다. 틀톱이란 '工'자 모양의 목재틀에 톱날, 삼밧줄 등을 달아 만든 톱으로 주로 목재를 자를 때 쓴다. 「청명상하도」 덕분에 북송 시대에 틀톱이 사용되었다

젊은 수리공과 공구.
취산산曲姗姗 그림

는 사실이 확인된 셈이다. 먹통은 목수가 직선을 그을 때 사용하는 것으로, 묵두에서 먹줄을 당겨 목재 위에 팽팽하게 고정한 다음 튕기면 먹줄의 탄성으로 흑선이 그어진다. 연장자로 보이는 수리공은 나무망치로 수레바퀴를 조정하고 있고, 젊어 보이는 수리공은 긴 나무 의자에 앉아 양손으로 공구를 잡고 긴 나무 막대가 평평해지도록 다듬는 중이다. 그가 사용하는 공구가 대패라는 의견이 있지만 송대에 대패가 사용됐음을 입증하는 사례는 아직 발견되지 않았기 때문에(중국에서 대패가 최초로 사용된 사례는 산둥山東 허쩌荷澤의 원대 침몰선에서 확인됐다) 대패라고 확신할 수 없다. 그가 사용하는 공구는 끌에 가깝다. 틀톱과 대패가 쓰이기 전에는 통나무에 끌을 박아 넣어 나무를 갈랐다. 평목平木을 만들 때에는 먼저 도끼(자귀)로 판재의 표면을 고르게 한 뒤, 끌로 깎아내고 다시 거친 돌로 갈아냈다. 정비소는 수레를 고쳐주는 편의를 제공하는 한편 교통 혼잡을 초래하기도 했다. 망치를 든 수리공을 한번 보자. 길 한가운데까지 나와 있지 않은가.

22. 휴대용 진열대를 들고 다니는 행상인, 떠돌이 의사游醫, 숯 파는 나귀와 상인

그림 2-112를 보면 수레 정비소 맞은편에서 한 사람이 걸어오고 있다. 그는 어깨에 짐을 짊어졌고 오른손에 긴 나무틀을 들고 있다. 이 나무틀은 휴대용 진열대(파란색 화살표)로 접이식 의자와 사용법이 비슷하다. 의자 다리를 교차해서 펼치기만 하

그림 2-112

● "음력 3월이 되면 온갖 꽃
들이 눈부시게 피어났고 목
단, 작약, 죽도화, 목향 등 갖
가지 꽃이 시장에 나왔다. 꽃
파는 사람들은 말머리 모양
의 대바구니를 늘어놓았으
며 꽃을 사라는 상인들의 노
랫가락은 맑고 깨끗해 듣기
좋았다."(『동경몽화록』 권7)

면 그 위에 상품을 진열할 수 있으니 장사하기에 아주 편리할
듯하다. 홍교에서 비슷한 종류의 휴대용 진열대를 펼치고 물건
을 진열해놓은 모습을 보았는데, 여기서는 얼마나 간편하게 휴
대할 수 있는지 알 수 있다. 이 장사꾼이 입을 크게 벌리고 있
는 것으로 보아 물건을 사라고 외치는 중인가보다. 『동경몽화
록』에 따르면 변경의 저잣거리에는 각양각색의 상인들이 '물건
을 파는 온갖 소리'로 가득했으며 그들이 외치는 소리를 들으
면 무엇을 파는지 알 수 있었다고 한다. 그 소리가 전혀 귀에 거

슬리지 않아 '창매唱賣' 또는 '가규歌叫'라 불리기도 했는데, 노랫소리처럼 듣기 좋다는 의미다.●

수레 정비소의 대각선 맞은편에는 한 무리의 사람들이 바닥에 앉아 있는 노인을 둘러싸고 있다. 그 노인 앞쪽에 무언가 몇 줄 늘어놓은 것을 보면 아마도 떠돌이 의사游醫인 듯하다. 그는 이곳에 자리를 펴고 약을 파는 중이다.● 그렇게 볼 수 있는 이유는 바로 앞에 있는 사람(노란색 화살표) 때문이다. 그는 바지를 걷어 올리고 부어오른 다리를 드러내고 있는데, 의사가 진찰해 주기를 기다리는 자세다. 빨간색 화살표가 가리키는 것은 부채다. 화권에서 부채가 출현한 것은 이번이 처음이 아니지만 마지막도 아니다. 뒤에서 부채의 독특한 용도에 대해 설명할 것이다.

이제 우리가 주목해야 할 부분은 숯을 싣고 있는 당나귀다. 당나귀의 등 양쪽으로 걸친 광주리는 이미 비었는데도 당나귀는 홀가분해 보이지 않고 오히려 풀이 죽은 기색이다. 그 앞에는 가슴 앞으로 팔짱을 낀 젊은이가 있는데 역시 기운이 없어 보인다. 이 대목에서 나도 모르게 백거이白居易의 시 「매탄옹賣炭翁」이 떠오른다. "소는 지치고 사람은 허기진데 해는 벌써 중천이라, 저자 남문 밖 진흙 바닥에서 쉬어 가세."

●이 인물이 서화를 판매하고 있다는 의견도 있는데, 나는 이에 동의하지 않는다. 유의가 병을 제대로 고칠 수 있는지에 관한 흥미로운 자료가 있다. 구양수歐陽修가 설사로 고생한 적이 있는데 나라의 명의도 고치지 못했다. 그러다 저잣거리에서 파는 약을 먹고 나았는데 약효가 좋았을 뿐 아니라 가격도 저렴하여 약 한 첩에 3문文밖에 하지 않았다. 원문은 남송 장고張杲의 『의설醫說』 권6 『장부설리臟腑泄痢』「차전車前(질경이)은 폭하暴下13를 멈춘다」에 있다. "구양문충공歐陽文忠公이 폭하 증상이 있었으나 나라의 명의도 고치지 못했다. 부인이 말하기를 '시장 사람이 약을 파는데 한 첩에 3문이고 효과가 좋다고 하더이다.' 그러자 구양공이 대답했다. '내 체질은 시장 사람과 다르니 복용하면 안 되오.' 부인은 명의가 준 약에 그것을 섞어 달였고 먹자마자 나았다."

---

13 갑작스럽게 이상적으로 피와 같은 것이 쏟아져 내리는 증상을 이른다.

23. 비밀스러운 택원宅院

사거리를 지나 고개를 드니, 성문이 시야에 들어온다!

책장을 편편하게 펼쳐보자. 지금 보고 있는 장면은 사거리에서 변경 성문까지의 전경도다. 이 부분은 두 개의 구간으로 나눌 수 있는데, 오른쪽 면의 화려한 우차牛車로부터 다릿목까지가 첫 번째 구간이고 왼쪽 면의 다릿목에서 성문에 이르기까지가 두 번째 구간이다.

먼저 첫 번째 구간을 살펴보자. 눈치 챘는지 모르겠지만 이곳에 다다르면 갑자기 공간이 넓어지고 조용하다. 왜냐하면 거리 한쪽에 예사롭지 않은 택원宅院, 즉 정원이 있는 저택이 나타났기 때문이다. 택원 가까이 접근해서 어떤 특별한 점이 있는지 살펴보자.

첫째, 저택의 대문 앞으로 시냇물이 흐르고 작은 다리가 놓여 있다. 무엇이 떠오르지 않는가? 호성하護城河, 즉 해자를 축소해놓은 것 같다! 근처에 진짜 호성하와 성문이 있는데 화가

그림 2-114

는 비슷한 구조의 건축 양식을 이 택원에 배치하여 어떠한 상징적 의미를 부여했다. 둘째, 대문 입구와 담장 아래에 '이상한' 사람들이 모여 있다. 왜 이상하다고 보았을까? 먼저 근처 환경과 주변 사물들을 살펴보자. 시냇물과 다리가 있는 문 앞을 제외하면 담벼락 위에 방범용 못인 방파자防爬刺가 설치되어 있다. 붉은색 문에는 세 줄의 장식용 못이 있고 문 위에 게시물이 붙어 있다(그림 2-115의 붉은색 화살표). 그리고 정원 안에는 말 한 마리가 있으며 먹이를 주고 돌보는 전담 사육사가 함께 있다. 이러한 정경으로 보아 이곳은 관아인 듯하다. 담벼락 주변에 있는 사람들 뒤로 푸른색 우산, 기치旗幟(기치는 깃대에 돌돌 말려 있다), 그리고 긴 창이 보인다! 송대에는 무기 관제 정책이 매우 엄격하여 민간에서 무기를 소유하거나 불법적으로 제조하는 행위를 금했으며 송 휘종 때는 더욱 엄했다. 긴 창은 관제 무기° 중 하나로, 버젓이 담장 외부에 놓여 있는 것을

관아의 안뜰에 주목할 만한 장면이 하나 있다. 말이 땅바닥에 배를 깔고 앉아 있고 말 사육사는 고삐를 쥔 채 벽에 기대어 앉아 있다. 그 옆에 말구유 두 개 정도가 있고 말구유 안에는 풀과 같은 것들이 가득 담겨 있다(녹색 화살표). 말구유 밖으로 넘칠 만큼 '가득' 담긴 풀은 건초 빛깔이 아닌 푸른색을 띠고 있다. 건초 사료가 아니라 들판에서 베어 온 지 얼마 안 된 풀이라는 뜻이다. 즉 이 무렵이 푸른 풀이 자라는 계절이라는 사실을 알 수 있다.

보면 그들은 관병官兵인 게 확실하다.

관병이라니 참 재미있다. 그들의 꼬락서니를 보면 관병이라 보기 어렵기 때문이다. 그들은 한가하게 앉아 있거나 엎드려 있다. 특히 한 명은 땅바닥에 엎드려서 잠을 자고 있는데(빨간색 화살표) 허벅지와 붉은색 속옷이 다 드러날 정도로 자세가 '요염'하다. 많은 사람이 지나다니는 장소인 만큼 보는 눈도 많은데 부끄럽지 않을까? 그 옆에 있는 다른 사람(파란색 화살표) 역시 꼴불견이기는 마찬가지다. 담장 밑에 앉아서 옷을 꿰매다니! 이 밖의 사람들도 다리를 꼬고 앉아 있거나 궤짝 같은 곳 위에 무릎을 구부려 안거나 머리를 숙인 채 자고 있다.

●자기방어용 무기로서 단창을 개인이 소지하는 것은 허용됐다. 『송건륭중상정형통宋建隆重詳定刑統』에 이러한 내용이 있다. "궁, 화살, 칼, 방패, 단창 다섯 가지는 개인이 소지할 수 있다. 그러나 갑옷, 석궁, 창, 삼지창, 구장具裝 등은 명령에 따라 개인이 소지할 수 없다."(삼지창과 삭槊은 창과 유사한 중병기로, 삭의 날은 창의 날보다 길다). "창이나 삼지창을 소지한 자에게는 1년 반의 징역을 선고한다."

그림 2-115

　누군가는 이 장면의 사람들에 대해 "무척 피곤해 보이는데 아마 긴 여정에서 막 도착한 것 같다"고 추측했다. 나는 이 해석이 부정확하다고 생각한다. '피곤'이라 하면 큰 버드나무 아래 앉아 있던 아저씨야말로 진짜 피곤한 모습이며, 이 사병들은 그저 나태한 것 같다. 피곤과 나태에는 미세한 차이가 있다. 꼼꼼하게 관찰해보면 그 차이를 깨달을 수 있다.

　그렇다면 이런 질문이 떠오를 수밖에 없다. 관아의 문 앞에 있는 사병들은 왜 이렇게 기력이 없고 나태한데다 무료해 보이는 걸까? 어떤 이는 이 관아가 조정의 공문을 전달하는 기구인 체포遞鋪라고 보면서 입구에 있는 이들은 체포에 소속된 병사이며 뜰 안의 말은 체마遞馬라고 주장한다. 그리고 사병들의 나
태함은 조정 소속 기구가 얼마나 비효율적으로 운영되는지를
드러낸다고 했다. 이러한 해석에는 일리가 있다. 과연 이곳이 체
포라면 이곳을 책임지는 관원이나 황제가 이토록 느슨하게 운
영되는 상황을 목격한다면 어떤 반응을 보일까? 근무 시간 중
에 사적인 용무를 보는 직원을 목격한 사장 또는 교실에서 엎
드려 자는 학생을 발견한 교사처럼 화를 참지 못했을 것이다.

　여기서 잠깐 독자와 함께 고민해보고 싶은 문제가 하나 있다.
문가에 앉아 있는 털보 사병이 받쳐 들고 있는 소반에는 생선
한 마리가 놓여 있다. 난데없이 웬 생선일까? 체포의 관원이 먹
을 음식이며 그에게 주려고 기다리는 중이라고 해석한 사람도
있는데, 딱 맞아떨어지는 설명은 아닌 것 같다. 혹시 청명절 제
사를 올리기 위한 생선일까? 그러나 체포라는 기관과 제사용
음식은 뭔가 어울리지 않는 것 같다. 설마 체포에서 청명절 제
사용품도 배달하는 걸까? 아무리 생각해도 딱 맞는 답이 떠오
르지 않으니 의문으로 남겨두는 수밖에.

　고증에 빈틈이 있을 때 상상력을 발휘하
면 의외의 실마리를 찾을 수도 있다. 상상력
이 풍부한 사람들은 냇가에 있던 사람들과
이 저택을 연관 짓기도 한다. 마차 앞 문사文
士의 모습을 하고 있는 인물을 보자. 다소 어
색한 자세 때문에 남성이 아닌 남장한 여성
인 것 같기도 하고, 문사로 변장한 채 주군
을 따라 나선 궁중의 환관인 것도 같다(한마
디 더 보태자면, 이 인물의 등에도 '변발' 같은 것

그림 2-121

이 드리워져 있다. 이후로도 두 곳에서 변발을 늘
어뜨린 송나라 사람을 만나게 되는데 모두 송나
라 복장을 하고 있다. 그래서 빨래 널린 배 옆을
지나가는 인물과 화려한 마차 뒤에서 말을 타는
인물 모두 금나라 사람이라는 가설은 성립하지
않는다) 남장 여자, 분장한 환관…… 이렇게
상상하는 것은 꽤 흥미진진하다. 한가할 때
나는 종종 그림 속의 숨은 이야기를 상상해
보곤 하는데, 한번은 그러다가 기이한 것을
발견했다. 그림 2-121의 빨간색 화살표가
가리키는 곳을 보자. 인물의 얼굴과 귀 아래
에 검은 선이 그어져 있다. 자세히 보면 이
검은 선이 뒤통수 아래쪽을 빙 두르고 있는
데, 설마 가면을 쓴 걸까? 정말 흥미롭다! 상
상은 계속되어, 어떤 사람들은 가면을 쓴 사

람이 이사사李師師(북송 말년 청루靑樓의 가희歌姬14)와 밀회를 즐기기 위해 출궁한 송 휘종이며 앞서 본 생선은 그들이 밀회를 즐긴 후 먹을 음식이라 한다. 그러고 보면 나도 참 스캔들을 좋아하는가 보다. 입증되지 않은 풍설을 제멋대로 말하는 것은 책의 진정성을 해칠 수 있으니, 여기까지 하기로 하자.

24. 점쟁이의 노점에 걸린 세 개의 간판

체포 근처 개울이 흐르는 버드나무 아래에는 대자리를 씌워 만든 간이 천막이 있다.(그림 2-122) 이것은 점치는 노점으로, 점쟁이는 지금 천막 안에 앉아 누군가의 점을 봐주고 있다. 부두에서 보았던 길거리 점쟁이를 기억하는가? 그에 비하면 이 점쟁이는 '고급' 등급에 속하며 영업 의지가 매우 강하다. 연결된 밧줄에 광고판 세 개를 내걸었는데 각각 '신과神課' '간명看命' '결의決疑'라 쓰여 있다. 신과의 '과'는 '수업하다上課'의 의미가 아니라 점복卜의 한 방법을 의미한다. 엽전을 여러 번 던져서 나오는 앞면과 뒷면을 살피거나 손가락을 꼽아가며 계산하는 간지로 길흉을 점친다. 이른바 신과란 점쟁이의 점괘가 정확하다고 맞장구쳐주는 역할을 할 뿐이다. 화가가 점쟁이의 노점을 체포 옆에 배치한 데는 다 이유가 있다. 관청이 나태하니 백성은 점쟁이에게 제 운명을 물어보며 각자도생할 수밖에 없는

---

14 청루는 푸른 색칠을 한 누각으로 기생집을 뜻하며, 가희는 여자 가수를 뜻한다.

그림 2-122

것이다.

「청명상하도」에는 점치는 장면이 세 군데 있다. 첫 번째 장소는 막노동하는 이들이 있는 부두였고, 두 번째 장소는 돈 있는 사람들이 있는 지금 이곳이다. 성안으로 들어가면 과거 응시생들이 있는 세 번째 장소가 나타난다. 당시 변경 성안에는 관상집相館이나 점집이 만 개에 달했다고 하는데, 곧 등장할 세 번째 장소가 대표적이라 할 수 있다.

25. 먼 곳의 사찰과 산책하는 돼지 떼

중심 도로를 벗어나 작은 다리를 건너면 뒷골목에 절이 있다.

이 절은 매우 고요한 느낌이다. 다리 어귀에 서서 멀리 바라보면 대문은 굳게 닫혀 있고 양쪽 옆문만 열려 있는데 한 승려가 절 안으로 들어가는 중이다. 이 사원은 썰렁한 느낌이긴 하지만 사실 변경의 사원은 통념상 조용히 수행하는 곳과는 거리가 멀다. 『동경몽화록』의 기록에 따르면 중양절 때 두 사찰(개보사開寶寺, 인왕사仁王寺)에서 사자회獅子會가 있었다. "승려들이 모두 사자 위에 앉아 설법했는데 유람객이 가장 많았다." 사자좌에 앉아 설법하는 모습은 눈길을 끌 수밖에 없다! 상국사의 경우 매달 5회에 걸쳐 민간인의 교역 장소로 개방했다. 고양이나 돼지를 원하면 상국사에 가서 살 수 있었다. 세면도구와 같은 일상용품도 사찰에서 살 수 있었고 화살, 서적, 그림도 팔았다. 일반 백성은 물론 놀랍게도 각 사찰의 여승들도 이 절에 와서 자수, 꽃, 장신구, 모자, 견사와 같은 물건을 판매할 수 있었다. 또한 각지의 노路15에서 퇴직한 관원들도 지역 특산품과 향료를 판매했다.•

장택단은 대개 세상 풍속을 친근하게 그렸지만 사원은 실제보다 더 썰렁하게 그렸다. 이것은 어쩌면 그의 유가 사상과 세속에 대한 감정이 반영된 탓인지도 모른다. 그림 속 광주리를 멘 사람의 입장에서 볼 때 사찰 쪽으로 가는 길이 돼지 떼로 인해 가로막혔다는 느낌을 지울 수 없다. 하필 돼지 떼가 그 길로 '산책'을 나온 것이 화가의 의도인지 우연인지는 알 수 없다.

성문 밖에서 돼지가 자유롭게 돌아다니다니, 의아하게 생각될 수 있겠다. 사실 돼지 몇 마리는 아무것도 아니다. 『동경몽화

•"상국사는 한 달에 다섯 번 백성이 서로 물건을 사고팔 수 있도록 개방했다. 대산문大三門에는 조류, 고양이, 개 같은 것을 팔았는데 온갖 진귀한 조류와 희한한 짐승이 있었다. 제2문과 제3문에는 일상생활에서 쓰이는 물건들이 있었다. 마당에 채색 천막, 노옥露屋, 노점을 설치했고, 포합蒲盒(부들방석), 죽점(대자리), 병풍과 휘장, 세면도구, 안장과 고삐, 활과 검, 계절 과일, 육포 같은 것을 팔았다. 불전佛殿 근처에는 맹가孟家의 도관道冠과 왕도인王道人의 과일 절임, 조문수趙文秀의 붓과 반곡潘谷의 먹 가게가 있었다. 회랑 양쪽에는 여러 절에서 온 여승들이 자수, 영말領抹(옷깃 등의 복식), 꽃, 비취, 두면頭面(머리 장식품), 반짝이는 금빛 꽃을 수놓은 복두幞頭, 모자, 가체, 관자冠子(머리 장식품), 실로 엮은 끈 같은 것들을 팔았다. 불전 뒤의 자성문資聖門 앞에는 서적, 완구, 그림, 각 노에서 퇴임한 관원들이 가져온 지역 토산물과 향료 등을 팔았다. 뒤편의 회랑에서는 점쟁이가 점을 봐주거나 초상화를 그려주기도 했다."(『동경몽화록』권3)

록』의 기록에 따르면 남훈문南薰門
으로 입경하면 도축 당할 운명의
돼지들이 대기하고 있었다고 한다.
"매일 저녁이 되면 고작 10여 명의 사람들이 수
만 마리의 돼지들을 몰고 다니지만 단 한 마리
도 함부로 날뛰지 않는다." 만 마리 이상의 돼지 떼가 말썽부리
지 않고 경성으로 들어간다니, 그 장면을 상상이나 할 수 있겠
는가?

여기서 또 숯을 실은 당나귀가 등장한다. 당나귀들
은 나무 그늘 밑에서 쉬고 있고 숯은 아직 다 팔
리지 않았다. 주인은 어디로 갔는지 보이지 않는
다. 당나귀 옆에 점포가 하나 더 있는데 주인이 대
저울로 물건 무게를 달고 있다. 아직 손님은 없지만
미리 상품을 나눠 담으려는 것 같다. 이곳은 어떤 가게
일까? 소금 파는 집이라는 의견이 있지만 확실치 않다. 송
대에는 식용 소금에 대해 '각금榷禁' 정책을 시행했는데, 이는
소금 판매를 정부가 독점하고 특정한 조건 아래 가끔씩 제한적
으로 통상(여기서 통상이란 주로 유통 영역 중 상인이 관청을 대신
해 행하는 운반과 소매를 가리킨다)을 허가하는 제도였다. '각榷'이
란 본래 외나무다리를 뜻하는데 '전매'의 의미가 파생되었다.
옛사람들은 "각이란 모든 이익을 국가의 재산으로 돌리는 것을
말한다"라고 했다.

송조의 식염에 대해서는 나중에 좀더 자세히 설명하기로 하
고, 마지막으로 한 모자母子를 살펴보자. 이 여인은 아이를 안
고 있는데 한 손으로 엉덩이를 받치고 다른 한 손으로 등을 쓰

다듬고 있다. 오늘날 엄마가 아이를 안는 모습과 똑같다. 엄마
의 어깨에 작은 머리를 바짝 붙인 채 안겨 있는 아이의 모습 역
시 오늘날 아이가 안기는 모습과 다를 게 없다. 여인은 오른발
을 앞으로 내밀고 왼발은 뒤로 한 채 옆쪽 어딘가를 보고 있다.
그녀의 시선을 따라가 보니 호성하를 넘어선 그곳은 대송大宋
변경의 성문이었다.

26. 다릿목의 세 가지: 도로 상황, 노점상, 한필閑筆

이제 다릿목까지 왔으니 성으로 들어갈 순서다.
　호성하와 다릿목 역시 홍교처럼 매우 혼잡하고 떠들썩하다.

---

16 여유롭게 한가한 마음으로 쓴 글씨나 글.

이곳에서 살펴볼 것은 교통, 장사꾼, 한필閑筆16 세 가지다. 맨 먼저 교통과 도로 상황을 알아보자.

그림 2-129에서 두 대의 우차가 성 밖으로 막 빠져나가고 있다. 사거리에서 보았던 화려한 우차에 비하면 굉장히 소박해 보인다. 청라산도 없고 종려나무로 된 지붕 덮개도 없다. 곧 있으면 관아 앞마당에서 화려한 우차 행렬과 마주치게 될 것이다. 이렇게 화려한 우차와 비교되는 것은 가마나 당나귀와 비교되는 것과는 비할 수 없는 곤욕일 것이다. 형태는 서로 비슷하지만 '같은 옷 다른 느낌'처럼 하나는 명품이고 다른 하나는 모조품처럼 보일 테니 말이다. 그러나 화려한 우차 역시 최상급은 아니다. 『동경몽화록』에는 변경에서 볼 수 있던 수레의 종류에 대한 기록이 있는데, 태평차太平車라는 수레는 "선두에 노새나 당나귀 20여 마리가 앞뒤로 두 줄로 서서 끌거나 혹은 5~7마리의 소가 끌기도 한다"고 되어 있다. 20여 마리의 노새나 당나귀 또는 7마리의 소가 끄는 수레라니, 그 규모가 얼마나 대단했을지 그려볼 수 있다. 일단 태평차가 나타났다 하면 화려한 우차도 한낱 '꼬마' 정도로 보일 것이다. 이렇게 거대한 태평차는 적재 능력이 훌륭하지만 바로 그런 점 때문에 경사가 급한 내리막길에서 감속하지 못하면 위험한 상황이 벌어지기 쉽다. 그래서 태평차의 뒤에는 당나귀나 노새 두 마리를 따르게 하여 비탈길을 내려갈 때면 무릎을 꿇어앉혀 '브레이크 장치'로 써먹었다. 또 태평차와 형태는 비슷하지만 크기가 비교적 작은 수레로 평두차平頭車가 있는데, 술집에서는 항상 평두차로 술통을 운반했다(성안으로 들어가면 볼 수 있다). 여권용차女眷用車는 평두차와 비슷하지만 부녀자들이 타는 수레이기 때문에 지붕 덮개를

그림 2-129

홍교 위의 말

씌워 쾌적함을 높이고 사생활이 침해받지 않도록 했다.

　말이 나온 김에 변경에서 볼 수 있는 수레의 종류에 대해 설명했다. 이어서 다릿목의 도로 상황을 살펴보자. 우차 옆에는 성안으로 향하는 무리(빨간색 화살표)가 있는데 한 사람과 한 마리 말로 단출해서 나아가는 속도가 굉장히 빨라 보인다. 앞에 길을 막아선 어느 짐꾼 때문에 마부는 말고삐를 힘껏 잡아당기고 있다. 이 장면의 말과 홍교에서 보았던 말의 모습이 매우 흡사한 것 같은데, 과연 그런지 한번 비교해보자. 가족이나 친구와 함께 어떤 점이 다른지 틀린 그림 찾기 게임을 해보는 것도 좋을 것 같다.

　다시 말 위에 탄 사람을 보자. 그가 쓴 풍모(머리 뒤쪽으로 분

그림 2-130

명 변발 같은 것을 늘어뜨리고 있을 것이다)는 빨래가 널린 배 옆을 지나가는 인물과 화려한 우차 뒤의 인물이 쓰고 있는 풍모와 똑같다. 앞서 두 인물의 외모를 보면서 과연 금나라 사람일까 궁금했는데, 지금 보니 아닐 확률이 높은 것 같다. 이 장면에서는 풍모를 쓴 인물의 정면을 보여주고 있는데 꽤 잘생긴 외모로, 적어도 풍모와 변발을 금나라 사람인지 아닌지를 판단하는 근거로 삼긴 힘들 것 같다. 그의 손에는 부채가 들려 있다. 부채의 등장은 「청명상하도」에서 처음도 아니고 마지막도 아니지만 이 장면의 부채는 형태가 꽤 명확하며 비단으로 감싼 것 같다. 청명 절기는 아직 날이 추운 시기라 부채가 필

살구꽃

자형화

요치 않다는 의견도 있지만 송나라 사람들은 부채를 '흙먼지를 막는 용도'로 쓰는 등 항상 몸에 지니고 다니는 습관이 있었다. 이 밖에 놀라운 관점도 제기되었다. 이것이 부채가 아니라 나뭇가지를 엮어 부채꼴 뼈대를 만든 다음 천으로 감싼 제사용 도구라는 것이다. 그렇다면 저잣거리에서 약을 늘어놓고 팔던 유의는 제사를 지내러 교외로 향하는 게 아니라 노점 옆 바닥에 부채를 내려놓고 있었는데, 이를 어떻게 설명할 수 있을까? 어쨌거나 그들은 부채를 가지고 다니기를 즐겨했던 것 같다. 마치 요즘 여성들이 외출할 때 항상 핸드백을 챙기는 것처럼 그들이 부채를 휴대한 것은 일종의 생활습관 같은 것이었다. 더욱이 부채는 '흙먼지를 막는 용도' 외에 다양한 쓰임새가 있었다. 과연 어떤 용도로 쓰였을까? 성안으로 들어가서 다시 이야기해보자.

다음으로, 다릿목에는 어떤 흥미로운 상점들이 있는지 살펴보자. 그림 2-130에 보이는 두 노점 가운데 한 곳에서는 꽃을 팔고 있다. 상인이 꽃 한 다발을 들어 손님에게 권하고 있는데, 이 꽃은 무슨 종류일까? 누군가는 살구꽃이라고 한다. "밤새 작은 누각에서 봄비 소리를 들었는데, 아침이 밝자 거리에서 살구꽃 파는 소리가 들리네."(송대, 육유陸游, 「임안춘우초제臨安春雨初霽」) 또는 "주막이 어디냐고 물으니 목동은 저 멀리 살구꽃 핀 마을을 가리키네."(당대, 두목杜牧, 「청명淸明」)에서 보듯이 살구꽃은 청명 절기와 관계가 밀접한 심상 중 하나다.

어떤 이는 이 꽃을 박태기나무의 꽃인 자형화紫荊花라고 보았는데, 자형의 속칭은 만조홍滿條紅이다. "꽃잎이 짙은 자줏빛이며 작고 (…) 여러 장의 잎이 한 줄기에서 무더기로 빽빽이 나오며, 나뭇가지가 겹겹이 돋아나 (…) 3월에 만개한다."(청대, 『소산

화보小山畫譜』) 다시 그림으로 돌아가 손님을 보니 턱수염이 덥수룩한 아저씨다! 사실 송대에는 아저씨가 꽃을 사는 게 전혀 이상한 일이 아니었다. 송나라 사람들은 꽃을 무척 사랑했다. 황제에서 일반 백성에 이르기까지 남녀노소를 막론하고 온 나라 사람이 꽃을 사랑해서 꽃병에 꽂는 것은 물론이고 머리에 꽂는 것도 즐겼다. 송 신종 희녕熙寧 5년 (1072) 3월에 소식蘇軾이 굉장히 재미난 시 한 수를 지었다. "늙은이는 머리에 꽃을 꽂아도 부끄러운 줄 모르지만, 꽃은 늙은이의 머리가 부끄러울 것이다. 술 취해 부축을 받아 집으로 가는 내내 사람들은 주렴을 반쯤 걸어 올려 나를 보며 비웃네."(「길상사에서 모란을 감상하다吉祥寺賞牧丹」) 술을 많이 마신 소식이 남의 부축을 받으며 집으로 돌아가는데 사람들이 주렴을 올리고 그를 구경한 이유는 무엇일까? 술에 취해 흐트러진 모습 때문이라기보다는 그의 머리에 꽃이 꽂혀 있었기 때문이었다. 자신은 늙었기 때문에 꽃을 꽂아도 부끄럽지 않으나 아름다운 꽃은 늙은이의 머리에 꽂힌 것이 부끄러울 것이라고 소식은 자조하고 있지만, 사실 당시 그의 나이는 채 마흔이 안 되었다. 송나라 사람들은 스스로에 대해 노인이라 칭하기를 유난히

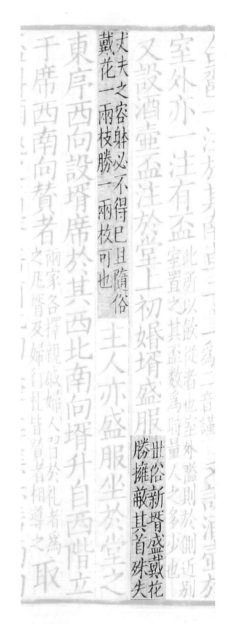

북송, 사마광, 『사마씨서의』, 청 동치同治 7년, 강소서국江蘇書局 주홍朱紅 방송체仿宋體 판본

좋아했다. 요즘 사람들이 늙었다는 말을 들을까 봐 나이를 비밀에 부치는 것과는 사뭇 다른 모습이다.

송나라 사람들이 즐기는 대화戴花, 즉 머리에 꽃을 꽂는 행동에 곱지 않은 시선을 보내는 사람도 있었는데, 그중 대표적인 인물이 바로 사마광이다. 앞서 그가 여자 상박을 반대했다고 언급했는데 그는 대화도 싫어했다. 그러나 대화는 온 나라 사람이 좋아할 정도로 크게 유행했기 때문에 그도 온전히 부정할 수는 없었던 모양이다. 그가 쓴 가정의례에 관한 저서『사마씨 서의司馬氏書儀』에 다음과 같은 내용이 있다. "새로 맞은 사위 머리에 화승花勝(장신구의 일종)을 성대하게 씌우는 풍속 탓에 얼굴이 가려져 용태를 제대로 확인할 수 없다. 꼭 해야겠다면 한두 가지 정도의 화승으로 풍속을 따르는 게 좋다." 정말 흥미롭지 않은가? 목 위로 한껏 장식한 꽃과 장신구 때문에 멀리서 보면 얼굴을 제대로 알아보기 어려울 정도라니, 남자다움이라곤 찾아볼 수 없다. 이런 풍속이 못마땅했던 사마광은 지나치게 많은 장식을 할 필요는 없다고 타이르고 있다. "꼭 해야겠다면" 과 "풍속을 따르다"와 같은 표현을 통해 당시 대화 풍속이 얼마나 보편적이었으며 크게 유행했는지를 짐작할 수 있다.

노점에서 파는 꽃 종류가 무엇인지는 확실하지 않지만 꽃을 판다는 것 자체는 의심할 여지가 없다. 그러나 그 옆에 있는 노점에서는 무엇을 팔고 있는지 설명하기 어렵다. 수박을 파는 것이라는 의견이 있는데, 온전한 수박 한 통을 파는 게 아니라 한 조각 한 조각씩 잘라서 팔고 있다는 것이다.(그림 2-134) 단면의 검은색이 수박씨다. 이것을 수박이라고 보는 관점에 대해서는 정말이지 할 말이 없다. 사실 북송 때 연북燕北 지역에서 수

그림 2-134

박을 재배하긴 했지만 당시 송나라는 요나
라와 대치중이었기 때문에 수박이 중원으로
유입될 수 없었다. 금나라가 요와 송을 무너
뜨린 뒤 맹안모극호猛安謀克戶가 중원의 둔전
屯田17으로 대거 이주할 때 수박이 중원으로
들어오기 시작했다고 한다.* 하지만 노점에
서 판매하는 것이 수박이냐 아니냐를 두고
논쟁할 필요는 없고 그림을 알뜰하게 잘 감

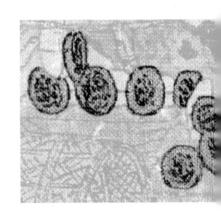

상했다면 그것으로 충분하다. 빨간색 화살표가 가리키는 그 물
건의 측면을 잘 살펴보자. 도대체 누가 수박을 이런 식으로 잘
라서 팔까? 조금 더 자세히 살펴보면 모양이 동글동글하고 조
금 두툼한데다 표면의 검은 반점은 불에 구워서 태운 자국 같

* 금국의 여진인들은 토착
민들과 뒤섞이지 않고 맹안
모극猛安謀克이라는 독자적
인 사회 조직에 편입되었고
이 조직을 맹안모극호猛安謀
克戶라 했다.

---

17 군량을 충당하기 위해 변경이나 군사 요지에 설치한 토지.

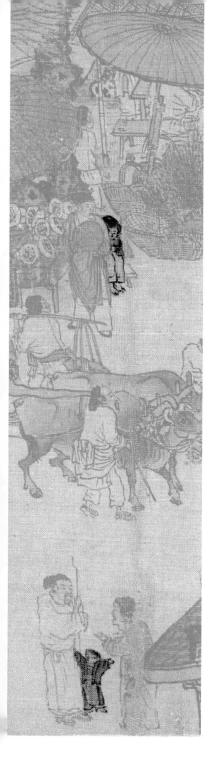

다. 어쩌면 떡餅 종류가 아닐까?『동경몽화록』에는 "일반적으로 떡집에는 유병가게油餅店, 호병가게胡餅店가 있었다"고 되어 있다. 이곳에서 파는 것은 신장新疆의 식당에서 파는 카오낭烤饢 비슷한 호병 같다. 낭饢은 오래 두어도 상하지 않기 때문에 여행 다닐 때 휴대하기에 좋다. 호병가게는 주로 성문 밖 노점에서 팔았는데 아마도 성 밖으로 먼 길을 떠나는 사람들이 호병을 휴대한다는 점에 착안했을 것이다. 노점 주인은 맞은편 사람(파란색 화살표)에 비해 굉장히 '시원하게' 입었다. 그의 오른손에는 부채가 쥐어 있을 것으로 생각되는데 아마도 화로 앞에서 떡을 굽기 때문인 것 같다. 그런가 하면 어떤 사람은 이 위안빙圓餅(둥근 떡)이 짜오후棗餬(대추가 들어간 떡)라고도 하는데, 그렇다면 밀가루와 대추로 만든 짜오빙棗餅의 한 종류일 것이다. 여기서는 이 정도로만 언급하고 지나가겠다.

호병가게의 모퉁이에 한 소년이 신발도 신지 않은 채 다리를 감싸 안고 쭈그려 앉아 있다. 무슨 억울한 일이라도 당했는지 꽤 안쓰러운 모습인데, 아마도 노점 주인이 소년의 아버지가 아닐까? 알 수 없는 이유로 혼이 난 소년은 토라져서 가게 일을 거들어줄 마음이 없는 것 같고, 손님을 응대하느라 바쁜 아버지는 소년에게 무관심하다.

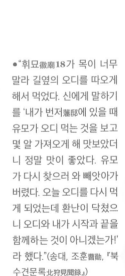

　의도적으로 배치한 것인지 알 수 없지만, 다릿목의 다른 한쪽 끝에서는 어린아이가 보채고 있다. 소년과 거의 일직선상의 위치다. 아이 옆의 노인과 노구老嫗(노부인)는 대화에 정신이 팔려 있어 두 팔을 벌려 안아달라고 보채는 아이에게 관심이 없다. 두 등장인물을 일부러 배치한 것이라면 화가의 어린 시절 경험과 관련이 있는 건 아닐까? 혹시 장택단도 어렸을 때 고집 센 아이였거나 애정결핍을 느꼈던 건 아닐까?

　이 장면을 보니 송 휘종의 유년 시절 일화가 하나 떠오른다. 송 휘종이 포로가 되어 북으로 가던 중에 너무 목이 말라 사람을 시켜 길가의 오디를 따오게 했다. 휘종이 오디를 먹으며 곁에 있던 대관 조훈曹勛에게 이렇게 말했다. "어렸을 때 유모가 오디 먹는 것을 보고 가져와서 여러 알을 먹었다. 한참 맛있게 먹고 있는데 유모가 빼앗아가버렸다. 오늘 다시 오디를 먹게 되었으나 또 환난이 닥쳤으니 오디와 내가 처음과 끝을 함께 하는 게 아니겠는가?"● 휘종의 이 말에는 자조, 괴로움, 탄식이 서려 있다. 송나라 사람들이 어린 시절을 그리워하는 마음에는 오늘날 현대인이 느끼는 감정과 매우 비슷할 뿐만 아니라 꾸밈없는 인간미가 잘 드러나 있다. 「청명상하도」 속 이와 비슷한 한필閑筆들도 천천히 음미해볼 가치가 있다.

---

18 송 휘종의 묘호

● "휘묘徽廟18가 목이 너무 말라 길옆의 오디를 따오게 해서 먹었다. 신에게 말하기를 '내가 번저藩邸에 있을 때 유모가 오디 먹는 것을 보고 몇 알 가져오게 해 맛보았더니 정말 맛이 좋았다. 유모가 다시 찾으러 와 빼앗아가버렸다. 오늘 오디를 다시 먹게 되었는데 환난이 닥쳤으니 오디와 내가 시작과 끝을 함께하는 것이 아니겠는가!'라 했다."(송대, 조훈曹勛, 『북수견문록北狩見聞錄』)

27. 다리 위의 한적한 분위기와 거지

이제 우리는 다릿목을 지나 다리 위로 올라왔다. 홍교의 소란스러움은 멀리 사라지고 한적하고 여유로운 분위기다. 한 노인이 당나귀를 타고 성을 빠져나가고 있다. 시중꾼으로 보이는 자가 그에게 말을 건네도 이러쿵저러쿵 말이 없는 노인은 무덤덤한 표정이다. 뒤따르고 있는 어린 나귀는 아마도 노인이 타고 있는 나귀의 새끼인 것 같다. 어린 나귀는 고개를 수그리고 있

는데 약간 무료해 보이기도 하고 아무 생각 없이 따르는 것 같기도 하다. 우리가 어렸을 때 어쩔 수 없이 어른을 따라나서야 했던 경험이 떠오른다. 이 장면에는 이렇다 할 숨겨진 의미도 없고 설명이 필요한 구석도 없다. 대개 삶은 말로 표현할 필요가 없는 것이다. 보았고 느꼈다면 그냥 이해할 수 있다.

다리 양쪽의 난간(그림 2-140)에는 많은 사람이 모여 있다. 그들은 풍경을 감상하거나 물속의 물고기를 구경하는 중이다. 강물 속 물고기가 보이는가? 장택단이 그린 이 민물고기는 중국회화 역사상 가장 간략하면서도 생동감이 넘치는 모습일 것이다. 물고기를 구경하는 다섯 명이 어떤 대화를 나누고 어떤 생각을 하는지 상황을 재연해보자. A가 "저기 봐, 물고기다!"라고 말하자 B는 "응……" 하고 대답한다. 물고기가 아니라 강물을 심

그림 2-140

드렁하게 바라보는 중인 B는 마지못해 콧소리로 A에게 대꾸한
것이다. C는 멍하니 허공을 응시한 채 '젊은 사람들이란' 하고
생각하고 있다. 그는 어느 가게의 뚱보 점원인데 잠깐 짬이 나
서 휴식을 취하는 중이다. 그 옆의 E가 강물 속 물고기를 가리
키며 "여섯 마리인 게 확실해! 맞지?"라고 크게 외치자, D가 사
나운 얼굴로 "무슨 소리야? 일곱 마리지"라고 대꾸한다. E는 부
아가 치민 표정이다.

　다리의 반대편을 보면 버드나무 가지에 몸통이 가려진 사람
(노란색 화살표)이 있다. 의도한 것인지 알 수 없지만 두루마기
밑자락이 추켜올려져 허리춤에 걸려 있다. 「청명상하도」에 등
장하는 수많은 사람 가운데 눈에 띄지 않는 인물 중 하나지만,

그림 2-141

어느 순간 그의 존재를 알아차린 뒤로는 말로 표현할 수 없는 이상한 감정이 느껴졌다. 껑충한 그의 다리가 맘에 들었는지 아니면 그가 입은 바지가 요즘 유행하는 스타일 같아서였는지, 아니면 무심히 추켜올린 밑자락에서 예술가적인 풍격을 느낀 것인지 잘 모르겠다.

그림 2-141에서 빨간색 화살표가 가리키는 인물은 어린 거지라는 게 일반적 의견으로, 이 소년은 지금 유람객들에게 구걸하고 있다. 흰색 화살표가 가리키는 인물 역시 거지라는 의견이 있는데, 그렇게 볼 수도 있다. 그런데 이 '어린아이'의 신체 비율로 볼 때 난쟁이로 볼 수도 있겠다. 하지만 흰옷을 입은 남자의 자식일 것 같다. 키가 작은 아이는 어른들이 즐기는 봄 경치를 감상할 수 없으니 어른에게 안아달라고 조르고 있는 모양이다. 왼쪽에 있는 다른 아이를 보자(파란색 화살표). 나이가 더 많아 보이는 이 아이는 어른의 도움 없이도 풍경을 감상하고 있다.

지금부터 송나라 사람이 거지를 어떻게 대했는지 이야기해 보자. 『동경몽화록』에 나타난 변경의 풍속과 인정에 따르면, 사람들은 거지를 괄시하지 않았으며 남들이 거지를 구박하는 행위도 용납하지 않았다.* 실제로 일반 백성은 거지를 괄시하지 않았으며 송나라 조정도 빈민과 거지를 구제하기 위한 조서를 공포하고 복지 기관을 설치했다.•• 송 신종 희녕 2년(1069) 겨울, 변경에 큰 눈이 내리고 혹한이 닥친 적이 있었다. 이에 신종이 조서를 내려 따뜻한 봄이 올 때까지 오갈 데 없는 거지들을 조정의 복지기관인 복전원福田院에서 보살피도록 했다. 송 휘종 숭녕崇寧 첫해에는 거양원居養院, 안제방安濟坊을 설치해 가난하고 의지할 곳 없는 사람들을 더욱 배려하는 정책을 펼쳤다. 일부 주·현 지방에서는 가난한 사람에게 유모와 여종을 고용해주는 등 과열 현상을 빚어 '빈자는 즐겁고 부자는 혼란한' 상황을 초래했다. 「청명상하도」는 청명절을 맞이한 변경 거리의 사람들을 그린 그림으로, 날씨가 풀리자 조정의 구제 정책이 종료되면서 다시 길거리로 나온 거지들을 볼 수 있다.

• "거지에게도 무례하게 굴지 않았고 조금이라도 정중하지 않으면 사람들이 용납하지 않았다."(『동경몽화록』권5)

•• "도읍의 동쪽과 서쪽에 복전원을 설치해 늙고 병들고 빈곤한 사람에게 늠廩(국가나 공공기관에서 지급하는 식량)을 나눠줬다. 돈과 곡류를 지급받은 사람이 24명에 지나지 않았다. 영종英宗이 남쪽과 북쪽에 복전원을 증설하고 동쪽과 서쪽의 관사를 확충했으며 매일 300인분의 식량을 준비했다. 조정은 그 비용으로 500만의 예산을 사용했고 후에 사주泗州에서 지급하기 쉽도록 800만으로 늘렸다. 또 '주와 현의 상급 관리들이 큰비와 눈을 만나면 3일간 임차료를 면제해주었지만 9일을 넘겨서는 안 된다'고 조서에 명시했다. 희녕 2년, 도읍에 설한雪寒이 닥치자 다음과 같은 조서를 공포했다. '의탁할 곳이 없는 자, 늙고 어리고 병들고 빈곤한 자들은 네 곳의 복전원에서 예산을 초과하더라도 날씨가 따뜻해지는 봄까지 지내거나 돈을 지급받을 수 있다.' 9년에 태원太原의 한강韓絳은 '모든 노인과 병든 자에게 11월 1일부터 이듬해 3월이 끝날 때까지 쌀과 콩을 지급하고, 날씨가 한랭한 하동河東에서는 10월 1일부터 이듬해 2월까지 지급하며 여유가 되면 3월까지 지급하도록 법으로 정했다'고 했다. 모든 홀아비, 과부, 고아, 독거인, 노인, 불구자, 빈곤자처럼 자력으로 생활할 수 없는 자를 돌봐주었는데, 자손이 끊긴 호절戶絶은 집에 거주한 채 부양받았고, 집이 없는 이들은 관저에서 지낼 수 있었으나 그 자산으로 비용을 충당했다. 걸개법乞丐法에 따라 쌀과 콩을 지급했는데 부족한 경우 상평식전常平息錢을 지급했다. 숭녕 연간 초기 채경蔡京이 국정을 맡아 다스릴 때 거양원과 안제방을 설치했고, 상평미를 몇 배나 넉넉히 지급했다. 관리와 병사를 파견해 난방과 음식을 지원하고 옷과 침구를 지급하도록 했다. 일부 주와 현에서는 지나친 구제책이 시행되어 휘장을 지급하거나 유모, 여성 심부름꾼을 고용해주는 등 자원이 낭비되는 경우도 있었다. 세금 징수를 면할 수 없는 부자는 불만이 생겨났고 빈자는 기뻐했다."(『송사』권178, 『식화지食貨志』상上)

그림 2-142

28. 성문 앞에서 펼쳐진 두 가지 미스터리

자, 드디어 성문 앞에 도착했다!

성문 안으로 발걸음을 재촉하고 싶지만 먼저 성문 근처의 비밀스러운 두 장면(그림 2-142의 검은색·초록색 화살표)부터 살펴보자. 그중 하나는 이미 충분한 해석이 이루어졌지만 다른 하나는 아직 명확하게 밝혀지지 않았다. 먼저 충분히 해석이 이루어진 부분부터 살펴보자. 그림 속 검은색 화살표가 가리키는 것은 앞에서 본 적이 있다. 당나귀와 사람이 앞에서 끌고 또

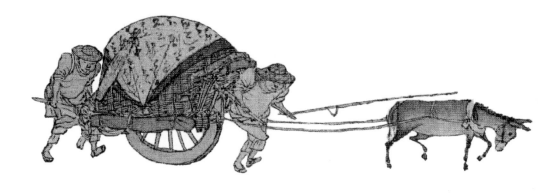

다른 사람이 뒤에서 밀고 있는 이러한 종류의 수레를 독륜천 차獨輪串車라 하는데, 수레에는 무거운 짐이 실려 있고 작은 나 귀는 힘을 다해 수레를 끌고 있다. 이제부터가 중요한 내용이 다. 수레 위에 씌워진 것은 점포苫布라 불리는데, 이 점포 위에 쓰인 붓글씨가 예사롭지 않아 보인다. 이것은 무엇일까?

일반적으로 옛사람들은 글자가 쓰인 종이를 소중히 여겼다. 하지만 예외도 있었다. 송 신종 때 곽희郭熙라는 화가가 있었는 데, 그의 그림은 활기와 생명력 넘치는 자연의 기운이 가득하 며 세속과 민생에 대한 관심과 제세濟世의 마음을 화폭에 담아

북송, 곽희,
「조춘도早春圖」(부분),
타이베이 고궁박물관 소장

내곤 했다. 이후 곽희의 화풍을 싫어한 휘종은 화원의 화공을 시켜 곽희의 비단 산수화를 찢어 걸레로 만들었다. 지금 성문을 나서는 수레에 씌워진 점포 역시 조정에서 권세를 얻었거나 잃은 관원들과 관계가 있는 건 아닐까? 오랜 세월 북송의 조정은 변법 개혁을 주장하는 세력과 안정과 보수를 주장하는 세력 간의 신·구 당쟁에 시달려왔다. 양당이 번갈아가며 정권을 잡았고 한 당파가 집권하면 상대 당파를 탄압했으며 그들의 작품마저 폐기해버렸다. 그렇다면 독륜천차의 점포는 파면당한 관원의 서적이나 작품이 수레에 실려 있음을 암시하는 것일 수도 있다. 어디로 가져가는 걸까? 아마 교외로 가져가 불태울 것이다. 그러고 보니 그림 전체에 산재한 여러 위기 장면들은 공통분모를 가지고 있다. 예를 들어 도입부의 놀라 날뛰는 말, 줄기 끊어진 버드나무, 중반부의 홍교 아래에 있던 배들, 좀 전에 살펴본 나태한 체포의 관원, 각종 교통 문제에 이르기까지 공통적으로 장택단의 위기의식을 드러내고 있다. 북송은 앞서 요나라와 대치하게 되었고 나중에는 금나라에 멸망당했으니 '국제적 환경'은 지속적인 위기에 놓여 있었다. 뿐만 아니라 조정 내부의 분란이 끊이지 않았으며 관원들은 해이해졌고 도시 관리 역시 제대로 이루어지지 않고 있다. 사람들은 태평성세의 분위기에 취해 나라를 방비하는 데 소홀하고 있으니, 장택단처럼 식견 있는 사람으로서 어찌 애타지 않을 수 있겠는가?

이제부터는 만족할 만한 해석을 얻어내지 못한 나머지 비밀에 대해 살펴보자.(그림 2-142의 초록색 화살표) 먼저 인물의 성별부터 생각해보자. 그림에서 말을 타고 있는 사람은 남자일까, 여자일까? 어떤 이는 말을 탄 관원으로 보았지만 그는 분명 여

자다. 그녀가 머리에 쓰고 있는 것은 유모帷帽라는 외출용 모자로, 챙이 넓은 갓 둘레(또는 앞뒤나 양쪽)에 얇은 비단이나 망사를 둘러 어깨선까지 늘어뜨렸다. 송대 여인들도 당나귀나 노새를 타고 외출할 수 있었는데 보통 너울이나 유모로 얼굴을 가렸다. 귀족 부녀자는 당나귀나 노새에 오를 때 품위가 깎인다고 여겼기 때문에 대부분 가마를 타고 외출했다. 다음으로, 유모를 쓴 여자가 타고 있는 동물에 대해 생각해보자. 당나귀로 보기도 하는데, 이는 잘못 본 것이다. 그녀는 말이나 당나귀가 아닌 노새를 타고 있다. 다릿목의 노인이 타고 있는 당나귀와 비교해보면 그 차이가 확연히 드러난다. 그렇다면 당나귀, 말, 노새를 어떻게 구별할까? 사실 어렵지 않다. 귀와 갈기를 중심으로 체형과 꼬리를 함께 살펴보면 구별할 수 있다. 귀가 짧고 갈기가 긴 것이 말이고, 당나귀는 그 반대다.

그림 2-146

노새는 당나귀보다 몸집이 크고 갈기는 아래로 처진 말의 갈기
와 달리 곧게 서 있다. 어떤 이가 이 동물의 종류를 그토록 엄
격히 구분할 필요가 있는지 내게 물었는데, 분명 구분 지을 필
요가 있다. 왜냐하면 고대에는 탈것으로 신분을 나타냈기 때문
이다. 예를 들어 문사文士나 은사隱士는 당나귀를 탔고 관원은
말을 탔다. 또한 탈것에는 문화적인 의미도 담겨 있다. 팔선八仙
중 한 사람인 장과로張果老는 당나귀를 탔고 도가학파의 창시자
인 노자는 소를 탔다. 그림 속 그녀가 노새를 타고 외출하는 데
는 어쩔 수 없는 이유가 있지 않을까. 물론 나의 지나친 상상일
지도 모른다.

노새를 탄 여성이 몸을 돌려 바닥의 무언
가를 보고 있다. 그림 2-146의 빨간색 화살
표가 가리키는 것을 보자. 이것은 무엇일까?
도살당한 황양黃羊라는 의견이 있다. 황양 앞
에 한 사람이 한쪽 무릎을 꿇고 있고 그 옆
에는 기도문祈禱文을 든 사람(흰색 화살표)이
서 있는데, 이들은 친구(유모 쓴 사람)가 가는
길이 평안하도록 노신路神에게 제사를 지내
는 중이라는 것이다. 내 생각에는 바닥에 쓰
러진 것은 양이 확실하지만 노새 탄 여인은
그냥 길을 가는 중일 뿐 그들과 친구 사이
같지는 않다. 그보다는 노새 탄 여인의 관심
을 끌려는 것 같지 않은가? 이 밖에 또 다른
의견으로는, 바닥에 앉은 사람은 '땅바닥에

엎드려' 행인에게 구걸하는 노인이며, 그 앞을 지나는 사람은
'말을 탄 관인官人'19이라는 의견이다. 관인은 고개를 돌렸으나
힐끗 보기만 할 뿐 은덕을 베풀 마음이 조금도 없어 보인다는
해석이다. 하지만 여성을 남성이라 한 것도, 노새를 말이라 한
것도, 한쪽 무릎을 꿇은 자세를 땅바닥에 엎드린 자세라고 한
것도, 자세히 살펴보면 전혀 맞지 않는 내용이다. 어떻게 이런
엉터리 해석을 낼 수 있을까?

자, 이제 성문으로 들어간다.

성문 입구에는 낙타의 몸통 절반 정도가 보이고 낙타 끄는

---

19 '관인'은 송대에 일반 남자에 대한 존칭

사람(노란색 화살표)이 오른손으로 전방을 가리키고 있다. 마치 큰 소리로 사람들에게 길을 비키라고 외치는 것 같다. 그와 동시에 말을 탄 문사가 성문 안으로 들어가고 있다. 그의 단정하고 점잖은 모습은 낙타 상인의 거칠고 난폭한 모습과 대조된다.

29. 대송大宋의 문

이제 성문을 자세히 살펴보자.

그림 2-149는 바로 성문의 전경이다. 성문을 본 소감이 어떠한가? 굉장히 높지 않은가? 높을 뿐만 아니라 목재 구조물에 입힌 붉은 옻칠 때문에 무척 화려하다. 나 같은 사람이 성문 아래에 서서 성루를 올려다봤다면 가슴이 벅차올랐을 것이다. 이 성루의 지붕 양식은 '단첨무전정單檐廡殿頂'이다. 이 전문용어가 일반인에게 생소하게 느껴지겠지만 그 의미는 어렵지 않다. 무전정廡殿頂이란 고대 건축의 지붕 양식 중 한 종류로, 하나의 용마루正脊와 네 개의 추녀마루斜脊가 네 개의 면을 이루고 있어 오척전五脊殿이라 불리기도 한다. 무전정은 다시 단첨單檐(홑처마)과 중첨重檐(겹처마)으로 나뉜다. 겹처마는 한 층 위의 지붕 네 모서리에 각각 홑처마를 연결해 두 번째 지붕을 이룬다. 1층과 2층의 처마가 중첩되어 겹처마라 한다. 중첨무전정은 고대 건축의 지붕 양식 중 최상위 등급이며 단첨무전정은 그다음 등급이다. 처마 밑의 구조물(흰색 화살표)은 '두공斗拱'이다. 이 기회에 중국 고유의 건축 구조물인 두공에 대해 공부해보자. 두공은 두斗와 공拱을 결합한 말이다. 즉 기둥과 도리가 연결되는 곳

그림 2-149

의 주두柱頭 위 한 층 한 층 뻗은 아치형 구조를 '공'이라 하고, 공과 공 사이를 받치는 사각의 나무 조각을 '두'라 한다. 두공은 어떤 기능을 할까? 처마의 무게중심을 기둥으로 옮겨서 처마가 바깥으로 멀리 뻗어나갈 수 있게 한다.

성루 측면의 계단은 어떻게 성루 위로 올라갈 수 있는지를 알려준다. 계단은 두 부분으로 나뉘는데 상단의 짧은 부분은 걸음 한 번에 계단 하나씩 디디도록 되어 있는데, 이를 '답타踏跺'라 한다. 송대에는 '답도踏道'라고 불렸다. 하단의 긴 부분은 걸음 한 번에 계단 하나씩 디딜 수 없으며 빨래판처럼 울퉁불퉁하여 '강차礓磋'라 불렸다. 이러한 경사로는 미끄럼을 방지하는 효과가 있다. 보행자용으로 설계된 답도와 달리 수레와 말이 물품을 운송하기 편리하도록 만든 것으로 '마도馬道'라 불리기도 했다.

성문의 외관을 둘러보면 특별히 문제가 없는 것 같지만 의문스러운 점이 있으니, 지금부터 잘 살펴보자. 우선 성문을 출입하는 사람들에 대해 검문검색을 해야 하지 않을까? 그렇지 않다. 낙타 상인은 성 밖으로 나가는 중이고 말을 탄 이는 성안으로 들어오는 중이다. 모두 자유롭게 출입하고 있으며 검문하는 사람도 보이지 않는다. 한 연구자는 성문 아래 낙타를 끄는 사람이 호인胡人이라는 의견을 제기했는데, 호인이 성문을 출입할 때도 검사할 필요가 없었을까? 이에 대해서는 대대로 호상胡商 무역이 이어지면서 중원의 한족들은 낙타와 호인의 모습에 익숙해졌다는 해석이 있다. 변경성 안에 5대째 살고 있는 어느 호인 가족은 일찌감치 중원 문화를 받아들였다. 주변의 한족들도 그들을 한족으로 여겼다. 이렇듯 이민족 상인과 사신들이 수시로 드나들게 되자 사람들은 그러한 환경에 익숙해지면서 더 이상 낯설게 여기지 않게 된 것이다. 그림에서도 낙타가 등장했는데 아무도 낙타와 상인에게 관심을 보이지 않는다. 오히려 상인은 사람들에게 조심하라고 크게 외치는 중이다.

여기서 문제는 누구를 검사해야 하는가가 아니라 검사를 맡은 사람도 성문을 지키는 사람도 없다는 점이다. 성문은 도시 방비의 핵심 지역이다. 특히 북송 말기는 정세가 불안정하고 변화가 극심해 송 왕조의 명운이 위태했는데 성문을 지키는 사람이 하나도 없다니, 이상하지 않은가? 물론 하나도 없지는 않다. 성루 위를 보면 한 사람이 번화한 거리를 내려다보고 있다(그림 2-151). 그는 아마도 대고大鼓(그림 2-152의 흰색 화살표)를 지키는 야경꾼일 것이다. 이 장면에서 주의 깊게 보아야 할 것은 대고 옆 바닥에 있는 직사각형 물건이다. 이것이 무엇일까? 바로 몸을 누일 수 있는 요다. 화가는 우리가 잘 못 본 게 아님을 알려주려는 듯 더 작은 직사각형을 그려 넣었다. 바로 베개다. 문루 위에 다른 사람이 없으니 대고를 지키는 사람(야경꾼)은 눕고 싶으면 잠시 누웠다가 감시하고 싶을 때 감시했다(정말 세상 편한 보직이

그림 2-150

그림 2-152

그림 2-151

그림 2-153

다). 한편으로 문 앞바닥에 요를 깔아두었다는 것은 방문자가 거의 없다는 뜻이기도 하다. 홀로 성루를 지키던 야경꾼은 적적함에 못 이겨 난간에 기대어 떠들썩한 거리를 구경하는 중이다.

성문이 있으면 당연히 성벽도 있기 마련이다. 그렇다면 성벽은 어디에 있을까? 앞서 성문 전경도에서 성벽의 존재를 알아차렸다면 관찰력이 꽤 뛰어난 것이다. 왜냐하면 일부 연구자들도 성벽의 존재를 알아차리지 못하기 때문이다. 성벽의 위치는 그림 2-153의 노란색 화살표 지점이며 흙을 다져 만든 토성土城이다. 성벽 위로 잡목이 무성하게 자란 데다(나무가 자란 정도로 보아 성벽이 허물어진 지 여러 해가 지난 것 같다) 성벽이 매우 허술해 보인다. 사람들이 성벽을 알아채지 못한 것도 무리가 아니다(성벽이 이런 모습일 거라 상상도 못 했을 것이다). 어째서 경성의 성벽을 벽돌로 쌓지 않았는지 의아할 것이다. 사실 서주西周 때 이미 벽돌이 존재했으며 한대漢代에 벽돌로 쌓아 올린 전성甎城이 나타났다. 전성은 송대에 이르러 점차 늘어나기 시작했는데 양저우陽州, 광저우廣州, 청두成都 등지에 많은 전성이 건립되었다. 그러나 「청명상하도」에 등장하는 변경의 성벽은 흙을 다져

만든 토성이다. 이러한 토성으로 적군의 침입을 막을 수 있었을
까? 당연히 불가능하다. 이는 엉성한 도시 방어의 실태를 여실
히 보여준다고 여기는 학자들도 있는 반면 반드시 그런 것만은
아니라고 보는 학자들도 있다. 변경의 성벽은 이중으로 되어 있
는데 이 토성은 내성內城의 성벽이다. 내성은 "군사적으로 방어
기능이 크지 않기 때문에 높이가 낮고 잡목이 무성하게 자랐
어도 그대로 내버려두었다"고 한다. 『동경몽화록』에 기록된 외

---

20 마면은 성벽을 기어오르는 적을 측면에서 공격하기 위한 사각의 돌출 구조
물이고, 전붕은 높은 망루가 적의 공격에 의해 무너질 때 망루 대신 사용하거나
적의 공격이 집중되는 장소에 세우는 조립식 구조물이다.

그림 2-154 청대, 사수, 「금릉도 송원본 모작」(부분), 타이베이 고궁박물관 소장

이 그림은 원래 「금릉도」 송원본이다. 청 건륭 52년 (1787)에 사수謝遂가 모작한 그림이다. 옹성은 고대의 중요한 방어 시설인데 그림 속 옹성은 반원형이고 중간에 직성直墻을 내 공간을 분리했다. 성으로 들어갈 때 먼저 반원형 옹성의 바깥 측면에 난 문으로 진입한 후 다시 정면에 난 성문으로 들어간다. 이것이 바로 『동경몽화록』에 언급된 '굴곡진 성문의 측면으로 낸' 문이다.

성에 대한 설명은 다음과 같다. 변경의 외성은 둘레가 40여 리, 해자의 폭은 10여 장 정도다. 안과 밖으로 버드나무를 심었고 행인이 오고가는 것을 금했다. 외성을 건설하거나 보수할 때는 방어와 전쟁 상황에 초점을 두었다. 예를 들면 외성의 성벽에는 100보마다 마면馬面과 전붕戰棚20('마면'이라 불린 이유는 말의 얼굴처럼 길기 때문이다)을 설치했는데 이러한 성벽 시설은 현대인들조차 구상해내기 어려운 것이었다. 대개 성벽 바깥으로 튀어나온 돈대墩臺를 만들었는데 이곳에는 전쟁을 위한 막사를 신속히 설치할 수 있었다. 또한 성 아래에서 공격하는 적을 정면으로 타격할 수 있으며 좌우 양쪽에서 협공할 수도 있었다. 100보마다 마면을 설치하고 200보마다 무기고를 설치한 것 외에도 한 부대에 만 명으로 구성된 공병 부대를 조직해 평상시 성벽의 유지 및 보수를 담당하게 했다.[*] 이렇게 『동경몽화록』에 기재된 성벽과 관리 시책은 「청명상하도」에 등장하는 성벽의 모습과 확연히 다르다.

성벽의 상황이 이렇다면 성문은 어떨까? 『동경몽화록』에 기록된 성문의 내용 역시 다르다. 남훈문 등 4개의 문은 '정면'으로 난 문이고(게다가 이중문이다) 그 외의 성문은 모두 외부 쪽에 축조한 옹성甕城21이다.[**] 옹성은 어떻게 생겼을까? 독자의 이해를 돕기 위해 송나라의 금릉金陵(난징의 옛 이름)성에 축조된 옹성의 그림을 실었다.(그림 2-154) 이를 보면 쉽게 이해할 수 있을 것이다.

다시 「청명상하도」 속 성문과 성벽에 대해 생각해보자. 그림은 도시 방비가 허술하다는 것을 이야기하려는 걸까, 아니면 다른 의도가 있는 걸까? 나의 생각은 전자 쪽으로 기운다. 왜냐하면 「청명상하도」에 그려진 내용은 문학적 사실이기 때문이다. 즉 장택단이 그린 세부 내용은 진실이지만 무엇을 화폭에 담느냐 하는 것은 선택이다. 표면적으로 교외에서부터 성까지 그리기는 했지만 그림의 순서 및 무엇을 생략하고 무엇을 그릴지는 철저히 그의 구상에 따른 것이다. 그러므로 핵심 이미지는 상징적인 의미로 다가간다. 예로 들면 장택단은 성문에 걸린 편액에서 '문門'이라는 글자만 보여주고 어떤 문인지 쓰지 않았는데, 이것이 바로 문학적 표현이다.(그림 2-155) 그가 그린 것은 변경성에 있는 특정한 문이 아니라 진실이기도 하고 허구이기도 한 대송大宋의

---

21 큰 성문을 보호하기 위해 성문 밖에 축조한 반달형의 성.

[*] "외성에는 100보마다 마면馬面과 전붕戰棚(성 위에서 양쪽으로 협공할 수 있고 적군이 성 아래에서 공격하지 못하게 하는 성벽의 돌출부)을 설치했고, 여두女頭(성 위에 낮게 쌓은 담)도 촘촘하게 조성했으며 아침저녁으로 정비했는데 멀리서 바라보면 우뚝 솟아 있다. 성안의 아도牙道(관도)에는 느릅나무와 버드나무를 심었고 200보마다 방성고防城庫를 설치해 성을 방어하는 데 필요한 무기를 보관했다. 광고병廣固兵 20지휘指揮가 매일 손질하고 회칠을 했는데 그 업무를 전담하는 경성소京城所가 있었다."(『동경몽화록』 권 1) 여기서 '광고廣固'는 병과의 명칭으로 공병 부대에 해당한다. 송대의 부대 편제는 그 규모에 따라 상廂, 군軍, 지휘指揮, 도都로 구분되었다. 1도는 100명이고, 5도는 1지휘였다. 1지휘는 하나의 지휘와 그것을 통솔하는 두 명의 부지휘사로 구성된다. 20지휘는 1만 사병에 해당한다.

[**] "성문은 모두 3층으로 된 옹성이고 굴곡진 성문의 측면으로 문을 냈다. 그중 남훈문, 신정문新鄭門, 신송문新宋門, 봉구문封丘門은 모두 이중문이며 정면으로 냈는데 아마도 황제가 사용하는 어로御路로 남겨두었기 때문일 것이다."(『동경몽화록』 권1)

그림 2-155

그림 2-156

성문이다. 우뚝 솟은 대송의 성문은 높고 화려한 반면 성벽은 나지막하고 거의 허물어졌다. 이것이 바로 상징이다. 이 성문이 대체 어떤 문인지 고증으로 확인하고 싶다면 다른 자료도 살펴봐야 한다.(동각자문東角子門, 상선문上善門, 신정문新鄭門 등의 의견이 있다) 그림에 담긴 지식을 탐구하는 것은 당연히 필요하고 중요하지만 한편으로 경계할 필요가 있다. 아름다움과 의미는 설명하지 않아도 마음으로 얻을 수 있다. 고증을 중시하고 감상을 경시하는 태도는 물속의 달을 건져내려는 것처럼 헛된 일이다. 더 정확히 알고자 하면 할수록 그 안에 숨은 뜻을 놓치게 된다.

30. 저울, 사탕수수, 면도하기

이제 성문을 통과해 성안으로 들어왔다.

성안으로 들어오자마자 흥미진진한 세 가지 이야기가 발견

그림 2-157

되는데, 이를 종합해서 설명해보겠다.

그림 2-156의 노란색 화살표가 가리키는 곳(상세 그림은 2-157)에 대자리를 씌워 만든 간이 점포가 보인다. 두꺼운 나무 막대가 대자리를 받치고 있는데 나무 막대의 뾰족한 끝이 대자리 한복판을 관통하고 있다. 그 아래에는 두 사람이 앉아 있는데 그중 장삼을 입은 사람은 가슴을 드러내고 얼굴을 옆으로 돌려 면도를 받고 있다. 그러고 보니 이곳은 간이 이발소인 것이다. 이발사가 왼손으로 손님의 아래턱을 가볍게 받쳐 들고 오른손으로 면도칼을 쥔 채 면도해주고 있다. 이발사의 오른손 새끼손가락이 살짝 들려 있는 자태가 사랑스럽지 않은가!

송대에는 이발사를 '도섭공刀鑷工'이라 했는데 이를 줄여서 '섭공鑷工'이라 부르기도 했다. 그들은 이발이나 면도해주는 일로 가족을 부양했지만 벌이가 시원치 않았다. 부유층의 집에 드나들 수 있었던 도섭공 중 일부 영리한 자는 그 자제들과 교류하

그림 2-158   그림 2-159

며 매매를 중개하거나 삽화나 괘화를 판매하는 등의 일을 겸했
다. 당시 겸업하는 이발사를 '섭아涉兒'라 지칭했다. 그 뜻은 물
을 건너는 사람 정도로 해석할 수 있는데 요즘 말로는 경계를
넘나드는 사람이라 하겠다.

　이발소에서 두 가지를 더 살펴보겠다. 그림 2-157에서 흰색
화살표가 가리키는 곳을 보자. 얇은 나무 막대기가 대자리의 모
서리를 받치고 있고 나무 막대기의 윗부분부터 무엇인가가 늘
어뜨려져 있다. 무엇일까? 땋은머리라는 의견이 있는데 일리 있
는 말이다. 이것은 광고를 위한 실물 견본인 듯하다. 또 살펴볼
것은 이발소가 성벽의 입구에 자리하고 있다는 점이다. 문 한 짝
이 열려 있고 보초 서는 사람이 없어 아무나 올라갈 수 있는 듯
하다. 이런 판국이니 도시 방비의 해이함을 논할 필요가 없다. 요
즘 세상 같으면 누군가 문을 지키고 서서 입장료를 받을 것이다.

면도 이야기가 끝났으니 이어서 사탕수수에 대해 알아보자.

성문을 통과해 성안으로 들어왔다고 상상해보자. 성을 빠져 나가는 낙타를 스쳤을 수도 있다. 성문 안으로 들어서면 앞에 다른 낙타가 보인다. 그 낙타의 몸통 옆 안구鞍具22에 무언가가 꽂혀 있는 게 보인다(그림 2-159의 빨간색 화살표). 허공 위로 높이 솟은 수염 같은 잎(혹은 털)이 기세 좋게 뻗쳐 있어 눈에 띈다. 이것의 정체를 아는 사람은 매우 적은데 아마도 사탕수수일 것이다.● 기세 좋게 뻗친 '수염 같은 잎'은 사탕수수의 잎이다. 「청명상하도」에는 사탕수수가 두 번 등장하는데, 후반에 등장하는 손양정점孫羊正店 맞은편의 노점에서도 볼 수 있다. 그림 2-158에서는 잎을 벗겨 깔끔하게 손질되어 나무통 안에 진열되어 있는 사탕수수를 볼 수 있다(노란색 화살표). 노점 주인이라면 당연히 자신이 파는 상품 쪽을 향하고 있어야 마땅한데 그림 속 그는 얼굴을 돌려 거리를 향하고 있어 마치 카메라 렌즈를 정면으로 바라보는 느낌이다.

그렇다면 생각해볼 문제가 있다. 북송 때 사탕수수가 있었을까? 그렇다. 북송의 약학연구학자 구종석寇宗奭의 『본초연의本草衍義』에 다음과 같은 기록이 있다. "사탕수수는 금천金川, 광廣, 호남북湖南北, 이절二浙, 강동·강서 지역에 있다." 다시 말해 북송 시대 때 장강의 이북 지역은 사탕수수가 나지는 않았지만 남방의 사탕수수가 변경까지 운송되었다. 앞서 언급했듯이 북송 말기의 기후가 소빙하 시대로 접어들어 사탕수수의 생장 주기도 길어졌고, 그로 인해 청명절은 가을에 심은 사탕수수를 판매하

●사탕수수가 아니라 '정절旌節'의 한 종류라 생각하는 사람도 있다. 정절이란 고대 시대 사자使者들이 지니던 증표였다. 호인 사자의 낙타 무리가 성문을 나서 북방으로 돌아가려는 것이다.

---

22 말안장에 딸린 여러 기물을 가리킨다.

그림 2-160

기에 딱 좋은 시기다.

　이제 세 번째 장소를 살펴볼 차례다.(그림 2-160) 이곳은 성안에 들어온 후 맨 처음 만나는 점포의 전면인데 상품을 파는 점포는 아니다. 일부 학자에 따르면 조정의 산하기구 중 하나인 세무서다. 도시 방비는 허술할 수 있어도 세금 징수는 결코 소홀히 할 수 없다. 참으로 아이러니하다! 탁자 뒤 교의交椅에 앉아 있는 사람은 세무공무원인 듯하고 몇몇 부하는 보고하거나 분류하거나 등록하거나 화물 옮기는 사람을 쳐다보고 있다. 위 그림 속 흰색 화살표가 가리키는 '대형 구조물'은 무거운 화물의 무게를 잴 때 사용하는 대저울이다. 화물 꾸러미 몇 개가 밧줄로 단단히 동여매여 있는데 그 형태로 보아 부드러운 방직물품인 듯하다. 북송 때에는 방직물에 부과하는 과세가 가장 높았고 그로 인해 백성의 원성도 매우 극심했다. 파란색 화살표가 가리키는 사람이 입을 떡 벌어진 이유도 너무 큰 과세 금액을 듣고 놀랐기 때문일 것이다.

31. 아름답기 그지없는 손양정점

　성안으로 들어와 부지런히 세 곳을 살펴보았다. 이제 책면을 판판하게 펼쳐보자. 그림 2-161은 성안 전경으로 왼쪽 면이 전체 두루마리 그림의 끝부분이다. 오른쪽 면의 주요 건축물은 '변경 안에 있던 27개 호의 정점正店' 중 하나인 '손양정점孫羊正店'이다. 홍교에서 보았던 각점의 채루환문을 기억하는가? 그곳은 초롱이나 오색천 장식도 없이 큰 누각만 있었으나 손양정점의 채루환문은 떠들썩한 분위기가 느껴지기 만큼 화려하게 장식되어 있다. 자세히 살펴보면 꽃송이, 꽃가지, 공 모양의 수놓은 비단 장식물이 있고, 둥글거나 마름모꼴 장식도 보인다. 그 밖에 흥미로운 것은 거위 모양으로 만든 여섯 마리의 조형물(그림 2-162의 노란색 화살표)이다. 환문 왼쪽의 나무 기둥에는 깃대 하나가 꽂혀 있고 푸른색과 흰색이 섞인 깃발에는 '손양점孫羊

그림 속 치자등

**치자 열매의
실물 사진**

그림 2-161

그림 2-162

店'이라 쓰여 있다. 환문과 깃발 외에 네 개의 등도 눈길을 끄는 데 이것은 치자 열매 모양으로 만든 치자등梔子燈(빨간색 화살표)이다! 변경성에 어둠이 깔리고 치자등이 하나 둘 켜지기 시작할 때 그 광경은 얼마나 아름다웠을까.

손양정점의 호화롭고 떠들썩한 외관을 둘러보았으니, 이제 가까운 곳에서 먼 곳까지 몇 가지 세부 장면을 골라 살펴보기로 하겠다.

정점 대문 앞을 먼저 살펴보면, 눈이 어지러울 만큼 떠들썩한 장면이지만 그리 재미난 이야깃거리는 없다. 대문의 왼쪽과 오른쪽에 꽃을 파는 노점이 하나씩 있다. 같은 꽃집인데도 꽃을 사는 손님은 제각각 다르다. 먼저 A 지점을 보자. 손님은 한 남자와 한 여자다. 남자 옆에 있는 어린아이는 남자의 하인일 것이다. 여자의 오른쪽에 있는 인물은 신분이 명확하지 않지만 얼굴 생김새가 비교적 고운 것으로 보아 딸인 것 같다. 꽃을 팔고 싶은 노점상과 달리 남자 손님은 영 관심이 없어 보이고 여자 손님은 더욱 무관심해 보인다. 여자는 남자 옆에 바짝 붙어 남자의 목에 팔을 두른 채 거리를 바라보고 있다. 여자의 시선은 거리 맞은편에 서 있는 두 채의 가마를 향하고 있다. 앞에서 가마를 끄는 가마꾼이 여자에게 눈길을 빼앗기는 바람에 자기도 모르게 방향을 틀어버렸다. 오른쪽의 사내아이와 여종이 앞을 가리키며 "이봐요! 이쪽이에요, 그쪽이 아니에요!" 하고 소리치는 듯하다. 꽃집 앞의 여자는 괴상한 모자를 쓰고 있고 생김새 역시 괴상하다. 남자의 생김새와 비교해도 흉해 보이고 대문 오른쪽에서 꽃을 사는 부인과 비교하면 더욱 경망스러워 보인다.

정점의 대문 옆에 있는 것은 간판등이다. 왼쪽 등의 정면에는

C는 앞에서 보았던 사탕수수 파는 노점상인데 조삼각棗三角과 동그란 모양의 간식도 함께 팔고 있다. D는 세무서에서 화물을 검사하고 세금을 납부한 뒤 다시 차에 짐을 싣고 있다.

그림 2-166

'정점'이라 쓰여 있고 오른쪽 등에는 '손양'이라 쓰였을 것이다. 또 그림 2-166의 파란색 화살표가 가리키는 등상 정면에는 '향香'이라 쓰여 있는데 그 아래의 글자는 '요醪'일 것이다. 향료香醪는 손양정점에서 빚은 좋은 술의 이름이다.

이제 B 지점을 살펴보자. 꽃을 사고 있는 이들은 가족이다. 남자는 요즘 아빠들과 마찬가지로 아기를 목에 태우고 있는데 오른손으로는 아이의 다리를 잡고 왼손으로는 광주리 안의 꽃을 가리키며 자기 의견을 말하고 있다. 가운데 있는 여자

는 용모가 단정하고 얼굴형이 동그스름한 게 부유층의 부녀자
같다. 그녀 옆에는 아이들의 유모인 듯한 여성이 어린 여자아이
를 안고 서 있는데, 부인과 함께 꽃을 사러 온 모양이다. 헐렁한
단배자 차림에 반복룡 쪽머리를 틀어 올린 외모는 숭녕·대관
연간에 크게 유행하던 스타일이다. 이 장면에서는 두 조연의 활
약이 눈에 띈다. 우선 아이 아빠 옆에 있는 사람(빨간색 화살표)
의 표정이 우습다. "아이참, 꽃이 이렇게 향기로운데 고를 게 뭐
있어요, 그냥 사세요!"라고 말하는 것 같다. 그 옆 사람(노란색
화살표)은 가격 흥정하는 것을 보고 머리를 긁적이며 속으로
'내가 돈이 있었다면 한 송이 사서 머리에 꽂았을 텐데……'라
고 생각하는 것 같다.

　이야기하는 김에 가마와 관련된 이야기를 좀더 해보겠다. 뒤

쪽의 가마는 여성이 타고 있고, 앞쪽의 가마도 얼굴을 확인할
순 없지만 가마 옆에 동행하는 시녀로 미루어 여성이 타고 있
으리라 생각된다. 사거리에서 보았던 가마가 기억나는가? 역시
여성이 타고 있었다. 이렇듯 「청명상하도」에 등장하는 가마는
모두 남성이 아닌 여성이 타고 있는데, 이는 우연이 아니다. 송
나라 사람은 남성이 가마에 타는 것을 체면 깎이는 행동으로
여겼다. 북송 때 왕안석王安石은 재상 지위에 있으면서도 외출할
때면 늘 당나귀를 탔지 가마를 탄 적이 없다. 그는 "예로부터 신
분이 높은 귀족들도 감히 사람으로 가축을 대신하는 일은 하
지 않았다"라 했는데, 이는 송나라 사람들의 가마에 대한 인식
을 대변한다. 『주자어류朱子語類』에 "장강 이남으로 수도를 옮기
기 전까지 사대부들은 가마를 그다지 이용하지 않았다"*라는
기록이 있는데, 보통 관원들이 출행할 때에는 말을 탔다. 설령
늙거나 병이 들어 조정에서 가마를 이용하라고 지시해도 극구
사양하곤 했다.

손양정점의 대문 앞에서 무슨 일이 일어나고 있는지 모두 보

• "장강 이남으로 수도를 옮
기기 전, 모든 사대부는 가
마를 이용하지 않았다. 왕형
공王荊公과 이천伊川 모두 사
람이 가축을 대신하면 안 된
다고 했다. 조사朝士는 모두
말을 탔다. 늙거나 병환이 있
으면 조정에서 가마를 내렸
지만 최대한 사양한 후에 결
국 받았다. 장강 이남으로 수
도를 옮긴 뒤에는 가마를 타
지 않는 사람이 없었다."(『주
자어류』권 128 「본조이本朝二
법제法制」) '조사'란 조정의
관리를 의미하며 보통은 중
앙관원이라 했다.

그림 2-170

았으니, 이제 그 오른쪽 길거리에 있는 상점들을 살펴보자. 그림 2-170은 그리 크지 않은 문검방^{門臉房}23이다. 바깥에 8개(벽쪽에 작은 통 2개가 더 있다)의 큰 통이 있고 실내에 3명(나무 뒤에 한두 명 더 있는 것 같다)이 있다. 가운데 사람은 활시위를 당겨 활 쏘는 자세를 취하고 있고, 긴 천을 펼쳐든 왼쪽 사람은 허리 보호대를 두르려는 것 같고, 오른쪽 사람은 손목에 보호대를 둘둘 휘감고 있다. 훈련을 하는 중인가 싶지만, 그들은 그저 장난삼아 실력을 겨뤄보려는 것이지 진짜 활쏘기 훈련을 하는 게 아니다.

　이 점포를 다르게 해석하는 견해가 있다. 그중 하나는 활과 화살을 파는 점포라는 주장인데, 너무 자의적이다. 반면 이곳이 군병들을 위한 주포^{酒舖}이며 큰 통에 든 것은 술이라는 견해도 있다. 이 세 사람은 군납용 술을 호송하는 명령을 받은 황

----

23 도로에 면한 상업용 단층 주택.

제 직속 근위군인 어림군御林軍의 사졸인데 술을 마시게 되자 신이 나서 힘겨루기 시합을 하려는 중이라는 것이다. 나는 이 생각에 동의하지 않는다. 이곳은 작은 규모의 소방서인 군순포軍巡鋪•일 것이다. 정점 바로 옆에 소방서를 두고 정점과 같은 고액 납세자들을 보호하는 데 신경 썼을 것이다. 그리고 이 사람들은 소방병이다. 그렇게 생각한 데는 까닭이 있다. 우선 담장에 보면 끝에 동그란 고리가 달린 두 개의 긴 작대기가 세워져 있건(큰 통 위에 가로로 하나가 더 있다). 이 물건이 아마도 『동경몽화록』에서 설명하고 있는 구화가사救火家事(소방 장비)인 마탑麻搭일 것이다. 마탑은 불씨를 두드려서 진압하는 도구로 끝부분의 쇠고리에 묶어둔 산마散麻에 물을 묻혀 불을 끈다.

물은 어디서 가져올까? 평상시 큰 통에 물을 저장해두었을 것이다. 그림에 보이는 8개의 큰 통과 2개의 작은 통이 바로 『동경몽화록』에 나오는 '크고 작은 통'이다. 물통 위에 마탑 하나를 가로로 놓은 것은 마탑과 물통의 관계를 강조하려는 의도 때문일 것이다. 다시 자세히 관찰해보면 8개의 큰 통 가운데 흰색 화살표가 가리키는 통만 덮개가 덮여 있고 나머지 7개는 모두 열려 있으며 덮개는 어디에 뒀는지 보이지 않는다. 이는 소방용 물통 안에 물이 충분히 저장되어 있지 않음을 암시하는 것 같다. 또 7개의 통에 덮개가 없다는 것은 술통이 아니라는 증거이기도 하다. 활은 있으나 화살이 없고, 통은 있으나 물이 없다. 이렇게 섬세한 장치를 통해 장택단은 '이것 좀 봐, 다 속 빈 강정이라니까!' 하고 말하는 듯하다.

이제 손양정점과 관련해 마지막으로 두 가지를 살펴볼 것이다.

그림 2-171

그림 2-171은 손양정점 위층의 한 모퉁이로, 탁자에는 두 사
람이 마주 앉아 있다. 바깥쪽에 앉은 젊은 사람은 난간에
등을 기댄 편안한 자세로 중년 남자와 술을 마시며 대
화하고 있다. 탁자에 놓인 식기 중 술을 데우는 데 쓰이
는 주호注壺와 온완溫碗이 보인다(노란색 화살표). 온완에
주호를 넣고 뜨거운 물을 온완에 부으면 주호의 술이
데워진다. 『동경몽화록』「회선주루會仙酒樓」에 "대체로
카이펑 사람들은 사치스럽고 도량이 큰 편이어서 신분을
막론하고 두 명이 앉아 술을 마셔도 주완(주호와 온완) 한
벌, 반잔盤盞 두 벌, 과일과 채소를 담은 요리 각각 다섯 접시,
신선한 야채요리 네다섯 접시 등을 꼭 시켜 먹었기 때문에 거

송대, 경덕진요景德鎭窯
청백유각화青白釉刻花 주호,
온완, 고궁박물원 소장

의 100냥에 가까운 돈이 들었다"라는 기록이 있다. 이 그림은 기록과 완벽하게 맞아떨어진다!

손양점의 후원에는 커다란 질항아리가 층층이 산더미처럼 쌓여 있다. 항아리 하나가 뉘어 있는 것(빨간색 화살표)을 보자 나도 모르게 얼굴에 미소가 떠올랐다. 장 선생은 쌓아둔 것이 무엇인지 후세 사람들이 모를까 봐 특별히 항아리 하나를 뉘어 놓고 그 입구를 보여준 것이다.

이 질항아리들은 모두 술항아리다. 앞서 언급했듯이 술을 빚을 수 있는 권한은 정점에게만 있었으며 각점은 정점에서 술을 사야 했다.

세어보니 술항아리는 다섯 층으로 쌓여 있지만 우리가 볼 수 있는 건 전체의 일부인 듯하다. 이 정점에서 빚어내는 술의 양이 얼마나 많은지 상상할 수 있다. 그렇다 해도 손양정점은 동경 내 27개 정점 가운데 가장 큰 규모는 아니었다. 그 예로 '풍악루豊樂樓'라는 정점은 건물 다섯 개로 이루어진 대형 공간에서 영업했는데, 그중 한 건물은 높은 층에 사람들이 올라가지 못하게 했다. 가장 높은 층에서는 황궁 내부가 내려다보였기 때문이다. 이렇게 규모가 크고 등급이 높은 정점이라면 빚어내는 술의 양도 손양정점보다 많았을 것이다.

주호. 높이 21.5cm 입지름 3.5cm, 바닥지름 9cm

온완. 높이 12.3cm 입지름 17cm, 바닥지름 9.8cm

그림 2-175

32. 화가의 화안畵眼

　손양정점을 지나면 곧 성안의 사거리에 다다른다.

　여기까지 보고 나면 특별한 시각을 하나 얻게 된다. 이러한
시각을 '화안畵眼'이라 하는데, 여기에는 두 가지 의미가 담겨
있다. 첫째, 등장인물의 시선을 따라가며 그림을 감상할 때 감
상자의 시선을 인도하는 등장인물을 말한다. 둘째, 그림에는 핵
심 주제를 지목하는 세부 장치가 있게 마련인데 이러한 세부
장치를 말한다. 위 그림에서는 흰색 화살표가 가리키는 것이
이 단락(심지어 그림 전체)의 화안이다. 그것은 왕원외가王員外家
'구주久住'의 2층이다. 구주란 '오래 세내어 살 만하다'라는 뜻으
로 송대 숙박업계에서 통용되는 광고 문구다. 이해하기 쉽게

치미鴟尾

수어垂魚

야초惹草

'여관民宿'으로 부르겠다.

왕가의 여관은 손양정점 정면에 위치해 있는데, 서사적 관점에서 말하자면 손양정점과 대척 관계를 이룬다고 할 수 있다. 손양정점이 산이라면 왕가 여관은 야트막한 언덕이다. 손양정점이 눈길을 사로잡는 호화로운 장식으로 화려하고 흥청거리는 분위기라면 왕가 여관은 전체적으로 푸른색과 검은색으로 편안하고 차분한 느낌이다. 그러나 더 자세히 관찰해보면 아담하고 소박한 가운데 은근한 고급스러움이 묻어난다. 건물 산장山墻24에 채색된 푸른색 도료는 고급 숙박 시설의 상징과도 같다. 자세히 보면 지붕의 용마루 양쪽에는 장식 기와인 치미鴟尾

24 '人'자형 지붕 가옥의 양 측면의 높은 벽.

가 있고, 산장 위에는 수어垂魚와 야초蕙草25가 서로 가까이 장식되어 있다. 특히 「청명상하도」에서 수어와 야초가 정면으로 그려진 곳은 이 장면이 유일하다. 이것은 우연일까? 아니면 화가가 의도적으로 설계한 것일까? 치미●는 치어鴟魚를 뜻하며 파도를 일게 하고 비를 내리게 한다. 치미, 현어懸魚(수어), 야초는 모두 화재를 예방하고 재해를 막아주는 상서로운 의미를 지닌 수중생물로, 일찍이 등급을 나타내는 기능도 있었다. 그중 현어에 얽힌 유명한 고사가 있다.●● 후한後漢 때 대신大臣 양속羊續이 난양南陽의 태수를 지낼 때의 일이다. 그의 부하가 물고기를 선물하자 양속은 이것을 마당에 걸어놓고 바람에 말렸다. 나중에 부하가 다시 물고기를 들고 오자 양속은 말없이 그에게 마당에 매달아둔 말린 물고기를 보여주었다. 이를 본 부하는 즉시 깨달음을 얻었다. 청렴결백한 양속은 '현어태수懸魚太守'라는 미칭美稱을 얻었으며 '양속현어羊續懸魚'는 관리들에게 청렴함의 전고가 되었다. 물론 현어와 같은 평범한 건축 부재가 왕가 여관에 특별한 의미를 부여한다고 말하기는 어렵다. 하지만 화가가 현어와 선비를 가까이 배치했다는 점에서 의미가 없다고 보기는 어려울 것이다.

그림 2-177의 수염 기른 인물이 바로 그 선비로, 나이가 적지 않아 보인다. 어쩌면 이미 과거시험에서 실패의 쓴맛을 봤을지도 모르겠다. 그러나 그는 담담히, 저잣거리의 번잡함에 흔들리지 않고 학문에 몰두해 있다. 방안에서 책을 읽는 그의 모습

●동해에 물고기 한 마리가 있었다. 그 꼬리의 모습 때문에 치鴟라 불렸고 물을 내뿜으면 비가 내렸다. 한나라 백양대柏梁臺가 화재로 소실되자 월나라 주술 염승厭勝에 따라 더 큰 건축물인 건장궁建章宮을 지었다. 용마루에 치어의 형상을 설치하고 대들보에 조정藻井의 문양을 그려 화재를 예방하고자 했다."(『당회요唐會要』 권44 「잡재변雜災變」) 용마루 위의 치미는 치어의 꼬리를 나타내는데, 이것은 화재가 발생하는 것을 예방하고자 하는 의미를 지녔다. 나중에 치미가 어떻게 변화했는지에 대한 설명은 생략하겠다.

●●"속續은 권세 있는 가문의 집이 화려하고 아름다운 것을 경계했다. 그는 늘 낡은 옷을 입고 거친 식사를 했으며 말과 수레는 야위고 낡았다. 부승府丞이 생선을 바치자 속은 그것을 받아 뜰 안에 걸어두었다. 승이 후에 또 다시 생선을 바치자 걸어둔 생선을 보여주며 거절했다."(『후한서後漢書』 「양속전羊續傳」)

---

25 맞배지붕이나 팔작지붕의 합각 부분에 있는 박공판 밑부분에 달아놓는 장식품

그림 2-177

그림 2-178

과 건물의 외관이 퍽 조화로워 보인다. 손양
정점이 물질적 풍요로움을 상징한다면 이 학
자는 정신적 고귀함을 상징한다. 우리는 인
생을 살다보면 종종 갈림길에 서곤 한다. 오
른쪽 길에 향락이 있고 왼쪽 길에 청렴이 있
다면 과연 무엇을 선택할 것인가? 장택단은
무엇을 선택할지 짐작할 수 있다.

이제 '화안'에 대한 결론을 내려보자.

왕가 여관 2층이 감상자와 가까운 거리에
배치된 이유는 감상자가 못 보고 지나칠 수
없게 하기 위함이다. 즉 우리는 그 존재를 회
피할 수 없고 없는 척 넘어갈 수도 없다. 방
안에 있는 선비는 왕가 여관 장면 중에서도
가장 중요한 화안의 역할을 한다. 비록 그가
자신의 눈으로 우리의 시선을 바깥 세계로
인도하지는 않았지만, 감상자에게 '심안心眼'
을 주었다. 단지 육안으로 저잣거리의 번화
함을 바라보는 것이 아닌, 마음의 눈으로 번
화한 거리와 수많은 군상을 바라볼 때 우리
의 마음속에는 이러한 선비가 존재하는 것
이다.

이처럼 장택단의 그림은 무엇과 비교할 수
없을 만큼 고묘高妙하다.

33. 푸줏간과 설서說書26

이제 성안 사거리에서 오른쪽 위쪽의 모퉁이를 살펴보자. 이곳은 푸줏간이다.(그림 2-179) 푸줏간은 많은 사람으로 둘러싸여 떠들썩하다. 언뜻 보면 어수선하고 정신없어 보이지만 등장인물들을 분류해 차례로 살펴볼 테니 염려할 것 없다. 푸줏간 한가운데 큼직한 도마가 놓여 있고 점원이 고기를 썰고 있다. 도마가 조금 높은 편인지 그는 고기를 자를 때 힘을 주기 위해 발밑에 무언가를 받쳐두었다. 푸줏간 도마 옆에서 책상다리로 앉아 있는 뚱보가 바로 푸줏간 주인일 것이다. 푸줏간 앞을 막고 있는 한 무리의 사람들을 일찌감치 쫓아낼 만도 한데 주인은 개의치 않는 표정이다. 도리어 허허거리며 구경하고 있는 것 같다.

푸줏간 처마 밑에 걸려 있는 것은 잘라낸 고깃덩어리로 보인다(파란색 화살표). 그 옆에 걸린 것은 직사각형의 작은 광고판으로(빨간색 화살표) 그 위에 적힌 글자가 참 재미있다. 앞의 세 글자는 '근육십斤六十'이라 적힌 것을 알 수 있지만 마지막 글자는 무엇일까? 누군가는 '읍邑'이라고 하고 누군가는 '구口'라고 하는데, 의견을 제시한 이들조차 그것이 무슨 의미인지는 설명하지 못했다. 사실 마지막 글자는 '족足'자다. 즉 광고판에는 '근60족斤六十足'이라 적힌 것인데, 이것이 무슨 뜻일까? 어떤 이는 고객이 손해 볼 일 없이 넉넉한 양을 보장한다는 뜻으로 해석

---

26 송대 이래의 통속 문예의 하나로, 창唱과 대사를 사용해 『삼국지연의』 『수호전』 등의 시대물·역사물을 이야기하는 것이다.

그림 2-179

그림 2-180

그림 2-181

하는데, 언뜻 들어보면 맞는 것 같다. 그렇다면 숫자 '60'은 무엇을 의미한단 말일까?

이 넉 자에 담긴 뜻을 제대로 해석하기 위해서는 역사에 대한 지식이 필요하다. 송대에는 '생백제省陌制(여기서 '백陌'은 돈을 셀 때 사용하는 글자인 백百 또는 백佰이고 100문文을 의미한다)라 불리는 일종의 화폐제도를 실시했다. 이 제도가 생긴 이유는 동전이 부족했기 때문이다. 상업이 발전해 화폐 유통량이 늘어나자 화폐 부족 현상이 발생할 우려가 높아졌다. 송 태종 때 연간 화폐 주조액은 최대 동전 180여만 관, 철전鐵錢 50여 만관에 달했으나 여전히 수요량을 따라가지 못했다.

그림 2-182

이러한 동전 기근을 완화시키기 위해 실시한 것이 바로 생백제
다. 그로 인해 송나라 사람들은 종종 다음과 같은 문제에 부딪
혔다. 점포마다 내걸고 있는 가격이 족전足錢으로 표시된 것인
지 생백으로 표시된 것인지 알 수 없게 된 것이다. 예를 들어 송
나라 사람이 술을 팔 때 술 한 되의 값을 '149문족文足'이라 표
시할 수도 있고 '194문생文省'이라 표시할 수도 있다. 양자의 환
산 비율은 100:76.8 정도로 '77문을 100문으로 계산하는' 생
백의 가격과 일치한다. 다시 그림으로 돌아가보자. 이제 '근60
족'이 무슨 의미인지 훨씬 이해하기 쉽다. 이 작은 광고판은 간
략히 줄여 쓴 정육 가격표다. 문장을 온전하게 완성해 쓴다면
'고기 가격은 1근에 60문 족전이다'가 된다. 「청명상하도」에 나
오는 이 광고판은 아마도 중국 최초의 가격표 이미지일 것이다.

이제 푸줏간 앞에 모인 사람들을 살펴보자. 사람들에 둘러싸

그림 2-183

인 사람은 수염이 매우 길다. 외모에서 풍기는 분위기가 주변 사람들과 확연히 달라 보인다. 이 사람은 이야기꾼이다.

그의 주변에 모인 사람들을 살펴보는 것도 흥미진진하다. 어중이떠중이 모여든 것 같지만 사실 나이부터 신분까지 모두 치밀하게 설정한 것이다. 성인 중에는 젊은 사람도 있고 늙은 사람도 있다. 사이사이 아이들도 섞여 있는데 아이들의 나이 역시 순서가 있다. 제일 어린 아이는 아빠의 머리를 팔걸이 삼아 어깨 위에 앉아 있다. 신분 또한 다양해서 서생, 일꾼, 승려와 도사까지 각계각층의 사람들이 모였다. 물론 여성은 군중 사이에 함께 어울리기 어렵겠지만 푸줏간 주인 옆에 여자아이(그림 2-182의 빨간색 화살표)가 불쑥 얼굴을 내밀고 있다. 이야기꾼에게 귀를 기울이고 있는 것 같지만 물건 사는 사람들을 구경하는 중일 수도 있다. 사람들 바깥쪽에는 아이를 데리고 있는 아빠(노란색 화살표)가 보이는데 그는 노점의 탕과자糖果子(사탕)를 가리키며 "그거 두 개 주세요"라고 말하는 것 같다. 우울해 보이는 아이를 달래주기 위해 사탕을 사주려는 걸까. 장택단의 그림 속 부모와 자식은 늘 어린 시절의 기억을 떠올리게 한다.

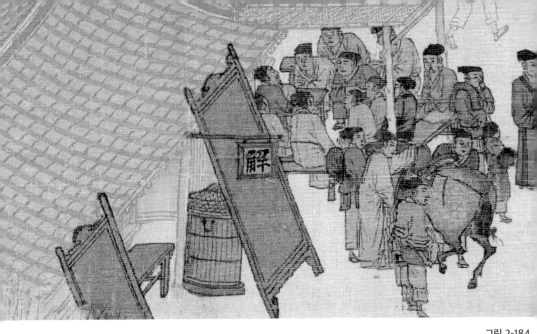

그림 2-184

34. 해포解鋪와 점쟁이

이제 성안 사거리의 왼쪽 아래에 있는 모퉁이를 살펴볼 차례다. 이곳은 '해포解鋪'다. 어떤 곳인지 확실히 알아서 '해포'라 말한 것은 아니고, 처마 밑으로 튀어나온 막대기에 '해解'자가 적힌 간판이 걸려 있기 때문이다.

'해'가 무슨 뜻일까? '해'는 '해고解庫'를 뜻하며 전당포라는 게 주류적 견해다. 이 밖에 다양한 해석이 존재하는데, 그에 대해 열거해두었으니* 관심이 있다면 참고해보자.

이곳이 무엇을 하는 곳인지 밝혀내는 것보다는 그림 속 세부 장면들을 살펴보는 게 훨씬 재미있다. 이제 몇몇 장면을 자세히 살펴보자.

해포의 처마에는 두 개의 이동식 가리개가 비스듬히

●전당포라는 해석 외에도 다음과 같은 다양한 의견이 있다. 첫째, 고대에 '해解'는 '해廨'와 의미가 상통했으므로 이곳은 관해官廨(관청)이며 관리들이 공무를 보는 장소라는 것이다. 둘째, '해'자에는 호송의 의미가 있으니 이곳은 운송을 대행하는 창고였다는 의견이다. 셋째, '해'는 해염점解盐店을 의미하는 간판이라는 의견이다. 송대 해주解州 염전은 관에서 독점 경영했기 때문에 '해'자 간판의 규격과 단정한 글씨체로 보아 도염원都盐院에서 일괄 제작한 게 분명하며, 이곳은 곧 해주산 소금의 독점 판매점이라는 것이다. 넷째, 과거시험 응시생에게 공증 서비스를 제공하는 민영기구인 '서포書鋪'라는 의견이다. 다섯째, 과거시험과 관련된 업무를 처리하는 관방 사무소라는 의견이다. 여섯째, 과거시험 응시생을 위해 사주팔자로 운명을 점치는 곳이라는 의견이다. 어쨌든 '해'에 대한 학계의 의견은 다양하며 일치되지 않는다.

그림 2-185
그림 2-186

세워져 있다. 이것의 용도는 무엇일까? 무언가를 가리기 위한 용도라는 데는 의문의 여지가 없다. 예를 들어 다른 사람의 시선을 차단해 사생활을 보호하는 기능이 있고, 바람이 세게 불거나 큰비가 내리거나 햇볕이 내리쬐거나 할 때 임시로 막아주는 기능이 있다. 「청명상하도」의 다른 곳에서도 비슷한 가리개가 등장한다. 마두사가의 작은 주막 앞(그림 2-185), 성 밖 사거리 길가의 점포 앞(그림 2-186)이 그 예다. 세 곳에 등장하는 이동식 가리개의 용도는 비슷하지만 재질이나 품질은 각기 다르다. 앞의 것은 목재틀에 대자리를 끼워 넣어 만든 것이고, 뒤의 것은 밧줄을 엮어 만든 대나무 뗏목 같다. 해포 앞에 놓인 것은 나무판자를 통으로 사용한 것 같으며 꽤 정교하게 제작된 느낌이다. 목재틀 안에 긴 나무를 장식해 넣었고 위아래에 여의운문如意雲紋이 조각되어 있다. 송대의 산수화에도 이와 유사한 가리개가 등장한 적이 있는데, 다음에 보이는 두 개의 작은 그림이 그러하다(그림 2-187, 2-188). 그러나 산수화 속의 가리개

그림 2-187 북송, 허도녕許道寧,
「운관설잔도雲關雪棧圖」(일부) 고궁박물원 소장

그림 2-188 (전) 남송, 마원馬遠, 「산수도山水圖」(일부)
타이베이 고궁박물관 소장

는 한 짝만 있으며 벽촌의 민가(혹은 점포)를 배경으로 한다는
점에서 다르다. 장택단이 가리개의 일상적이고도 실용적인 면
을 표현하는 데 치중한 반면 산수화가는 가리개를 은거의 상징
으로 승화시킨 것으로, 가리개로 인해 나뉘는 '내부'와 '외부 세
계'는 단절된 느낌이 아니라 소외의 느낌을 부여한다.

해포 문가에는 원통 모양의 물건이 놓여 있는데, 어떤 이는
이것이 '새장'일 것이라고 보았다. 당연히 아니다. 변하 부두의
한 식당에도 이와 비슷한 통이 있었다(2-189). 해포에 있는 것
이 좀더 정교해 보인다. 아마도 이
것은 물통일 것이다.

해포 가장자리의 차양막 아래
한 무리의 사람들이 모여 있다. 차
림새가 단정하고 대체로 젊은 것
으로 보아 과거시험을 앞둔 서생
들인 것 같다. 그들은 산명算命 선
생(그림 2-190의 빨간색 화살표)이
점치는 미래에 대해 듣고 있다. 산

그림 2-189

그림 2-190

그림 2-191

명 선생의 표정과 태도를 보면 맹인인 것 같다. 차양막 바깥에도 몇몇 사람이 있는데 이미 점괘를 듣고 난 뒤인지 말을 타고 떠나려는 중이다. 그 생김새와 자태를 보니 준수하다는 말로는 부족할 만큼 꽤 수려한 외모를 지녔다. 말 또한 상당한 준마에 속하는데 오늘날로 치면 고급 승용차에 해당할 것이다.

어떤 이는 이 차양막 공간에서 설서說書가 이루어지고 있었다고 보았는데, 앞서 수염이 덥수룩한 이야기꾼이나 그 앞에 모였던 청중 느낌과는 사뭇 다르다.

35. 성안 구경하기

푸줏간과 해포를 살펴보았다. 이제 발길 닿는 대로 거리를 거닐다가 재미난 곳을 발견하면 자세히 살펴보도록 하자.

그림 2-192는 해포 옆 거리 풍경이다. 큰 술통 2개를 실은 평두차平頭車가 거침없이 거리를 활보하고 있다. 붉은색 옷을 입은 아이가 평두차를 보고 깜짝 놀라자 그 옆의 어른이 다급히 아이를 한쪽으로 돌려세운다. 한 어르신은 수레를 향해 "똑바로 보고 다니지 못해?"라고 야단치는 듯하다. 수레를 모는 남자는 이것저것 살필 겨를이 없다는 듯 채찍을 들어 당나귀를 계속 재촉

그림 2-192

한다. 고개를 쳐들어 달관한 듯한 그의 모습을 보니 거나하게
취한 것도 같다.

해포 맞은편의 왕원외가 담장 아래에는 '향음자香飮子'노점
이 하나 있다(그림 2-193). 앞서 음
자飮子에 대해 자세하게 소개했듯
이, 원래 음자는 주로 탕약으로 마
셨는데 송대에 이르러 '전문화'되
면서 음료 스타일로 발전하기 시
작했다. 이곳의 향음자는 음자에
서 발전해 나간 종류로 맛이 좋은
건강음료일 것이다. 그림 속 노점
상이 작은 그릇에 담아준 음자를
손님이 마시고 있다.

그림 2-193

그림 2-194

그림 속 오른쪽에 있는 흰
옷 차림의 두 사람을 도사
道士로 보는 사람도 있고,
과거시험 응시생으로 보는
사람도 있다. 송대에는 사
농공상의 구별 없이 모든
계층이 과거시험에 합격하
기만 하면 관직을 얻을 수
있었다. 과거시험 때가 되면
변경 성안에는 시험을 보기
위해 각지에서 상경한 사람
들로 가득했다.

사거리 중앙에 세 사람이 서 있다. 수염을 기른 유학자 한 명
과 자색 승복을 입은 승려 한 명이 이야기를 나누는 중이다. 승
려는 당당하고 차분한 태도로 이야기하고 있다. 그들 앞에 또
한 사람이 옆으로 서 있는데 자세가 조금 어색한 것으로 보아
세 사람은 걸으면서 이야기를 나누는 것 같다. 북송은 유교, 불
교, 도교 세 종교가 서로 융화하던 시대로, 승려와 유학자가 함
께 선禪에 대해 이야기하고 시를 쓰곤 했다. 당시 변경에는 절이
많았는데, 그중 대상국사大相國寺, 개보사開寶寺, 태평흥국사太平興
國寺 등이 유명했다. 절의 주지는 황제가 조서를 내려 지방의 고
승을 경성으로 초빙하도록 했다.

자색 승복을 입은 승려는 지위가 높아 보인다. 희고 통통하
며 원기가 넘치는 것으로 보아 평소 부족함 없이 윤택하게 생

활하는 모양이다. 그들 가까이 걸어오고 있는 행각승(그림 2-195)과 비교하면 느낌이 사뭇 다르다. 행각승을 자세히 살펴보자. 삭발하긴 했지만 머리가 새로 자라나고 있어 자색 승포를 입은 승려처럼 깔끔하지는 않다. 입가에도 거뭇한 수염자리가 보이는데 깔끔하게 밀지 않았거나 그럴 시간조차 없었을 것이다. 자색 승포를 입은 승려의 통통하고 윤기 나는 얼굴에 비해 그의 얼굴은 아주 거칠고 야위었다. 그 이유는 그가 변경에서 생활하는 승려가 아닌 행각승이기 때문이다. 어쩌면 고비 사막으로 수행을 떠났다가 온갖 고생을 하고 드디어 변경성에 도착한 게 아닐까. 그에게 중요한 것은 윤택하고 안정된 삶이 아니라 그의 손에 들려 있는 것과 어깨에 짊어진 것이리라.

그림 2-195

그가 짊어진 대나무 시렁은 '부급負笈 유학'27의 '급笈'이며, 대나무와 등나무로 만든 책궤이다. 급의 윗부분에는 햇볕과 비를 막아주는 원형의 입자모笠子帽가 있고 그 아래

주미의 양식 예시(취산산 그림)

---

27 '책 상자를 짊어지다'의 뜻으로, 급笈은 책 상자를 의미하며 타향으로 공부하러 간다는 뜻이다.
28 수행자가 마음의 티끌과 번뇌를 털어내는 상징적 의미의 불구佛具. 총채와 비슷한 모양이다.

로 불진拂塵28, 작은 등, 작은 향로 등이 걸려 있다. 그중 불진을 '주미塵尾'29라 부르는 학자들도 있는데, 이 말은 맞기도 하고 틀리기도 하다. 오대五代 이전에 주미와 불진은 완전히 다른 물건이었기 때문이다. 맨 처음 주미의 양식은 하나가 아니었지만 어쨌든 그 외형은 불진과 다른 모습이며 주된 용도와 성행한 시대 역시 달랐다. 주塵는 큰 사슴의 한 종류(말코손바닥사슴이라는 설이 있다)인데, 주塵를 따르던 사슴 무리가 주의 꼬리가 가리키는 곳이면 어디든 그곳으로 향했다는 이야기가 전해진다.

위진 시대에 청담淸談이 흥하기 시작하자 명사들은 주미를 손에 쥐고 논쟁하기를 좋아했다. 주미는 '명류아기名流雅器'30로 자리 잡았으며 청담을 나누지 않을 때도 손에서 놓지 않았다. 오대 이후부터는 점점 주미를 사용하지 않게 되었다. 시간이 흐르자 후대인에게는 주미와 같은 물건이 있었다는 사실만 전해졌을 뿐 구체적으로 어떠한 모양인지 전해지지 않았기 때문에 완전히 다른 '주미'가 만들어지게 되었다. 이 새로운 형태의 주미는 명·청대에 크게 유행했다. 위진 때부터 오대 무렵까지 쓰이던 것과 이름은 같지만 실제로는 다른 종류라 할 수 있고 그 형태가 불진과 유사했다. 일반적인 불진은 손잡이가 가늘고 길며, 털을 묶는 고리가 상대적으로 작고 털은 비교적 길었다. 새로운 형식의 주미는 손잡이가 굵고 짧으며, 털을 묶는 고리가 상대적으로 크고 털은 비교적 짧았다.

---

29 총채. 말총이나 헝겊 따위로 만든 먼지떨이.
30 명류아사名流雅士(고상하고 우아한 문사)라면 응당 갖추어야 할 아름답고 고아한 용구用具들을 지칭하는 말.

주미에 대한 설명은 여기서 마치고, 이제 작은 향로(그림 2-195의 빨간색 화살표)에 관해 이야기해보자. 활 모양의 손잡이가 달린 이 향로는 반원형 모양이며 승려의 이마 앞에 걸려 있다. 그것이 작은 향로가 아니라 사리舍利를 담는 작은 금기金器라 주장하는 학자도 있다. 사리란 고승의 유골에서 채집한 결정질의 작은 조각으로, 석가모니와 그 교의敎義의 상징으로 여겨졌다. 승려는 긴 수행의 여정에서 불심을 발양하기 위해 불경, 불상 그리고 사리를 몸에 지녔다. 특히 이마 앞에 걸어둔 사리는 시시각각 신앙을 증진시키기 위해 격려했을 것이다.

행각승이 손에 들고 있는 물건을 자세히 살펴보자. 왼손에 쥔 것은 죽판竹板이라는 의견이 있는데, 죽판은 행각승이 걸으면서 독경할 때 치는 도구다. 그런가 하면 불경한 권을 쥐고 있다는 의견도 있다. 행각승의 오른손에 들려 있는 것은 주미로 보인다. 그의 허리에는 크고 작은 보따리가 걸려 있고 등에 멘 것은 여러 권의 경전이다. 그중에 바퀴처럼 둥근 물체는 아마도 권축장을 담는 경질經帙(서질, 책 덧씌우개)일 것이다. 끝부분이 구불구불한 막대기는 행

그림 2-197 「행각승 현장 상」, 가마쿠라 시대(14세기), 일본 도쿄국립박물관 소장

그림 2-198

각승의 지팡이다.

이 행각승의 모습은 특이한 게 아니다. 실제로 전형적인 행각승의 모습이 담긴 그림이 있다. 그림 2-197은 일본에 현존하는 「행각승 현장玄奘 상像」이다. 전체적으로 매우 비슷하다!

자색 승포를 입은 승려 옆, 몇 걸음 떨어진 곳에 「청명상하도」에서 가장 중요한 장면이 하나 있다. 그림 2-198을 보면 두 무리가 서로 엇갈려 지나고 있는데, 말 위의 흰옷 입은 사람이 하인을 시켜 말을 멈춰 세웠다(파란색 화살표 지점에서 말의 머리가 옆으로 돌아간 것으로 보아 고삐를 당긴 것 같다). 몸을 옆으로 기울여 맞은편에서 걸어오는 '지인'에게 알은체를 하려 하지만 이상하게도 지인은 부채를 들어 얼굴을 가리면서 그를 못 본 척한다. 흥미롭지 않은가? 앞서 부채 든 사람이 여러 번 등장했지만 송나라 사람이 부채를 들고 다니는 이유는 다양하다. 부채질하기, 먼지 막기, 햇빛 가리기, 네 번째로 '얼굴 가리기'도 있다. 보기 싫은 사람이나 불편한 사람을 만났을 때 부채를 들어 최르르 하는 소리와 함께 펼쳐서 얼굴을 가리면 서로 난처함을 피할 수 있다. 그런데 두 사람의 관계는 왜 이렇게 됐을까? 어떤 학자는 신구新舊 당쟁과 관계가 있을 것으로 추측한다. 득세한 쪽은 말을 타고 다니고 권력에서 밀려난 쪽은 걸어 다닐 수밖에 없다. 두 사람의 다른 처지는 하인의 행동거지에도 그대로 드러난다. 얼굴을 가린 사람의 뒤를 따르는 시동은 곤혹스러운 표정으로(작은 얼굴이 새빨갛게 달아올랐다) 옆을 돌아보지도 못하고 꼬리를 만 개처럼 주인 뒤에 바짝 붙어 걷고 있다. 자세히 보면 놀랍게도 그 역시 부채를 끼고 있다. 말 탄 사람의 앞에 있는 하인은 정반대의 모습이다. 고개를 들고 가슴을 활짝 편 자세로 득의양양하게 성큼성큼 나아가고 있다. 주인보다 더 기세등등한 모습이다.

장택단의 붓끝에서 탄생한 사물들은 고립되지 않고 서로 다양한 연결고리를 가지고 있다. 이 장면 역시 그렇다. 두 그룹의 사람들을 보고 난 다음에는 뒤편에 있는 마차를 이어서 보아야 한다.(그림 2-199) 부채로 얼굴을 가린 사람 뒤를 보자. 두 대의 태평차가 달려오고 있다! 그중 한 대는 이미 모퉁이를 돌아서 다가오고 있다. 나란히 열을 지은 네 마리의 당나귀가 질주하고 있는데 마부는 채찍을 휘두르며 더욱 속도를 내고 있다. 그중 당나귀 한 마리는 너무 힘이 들었는지 입을 벌려 소리치고 있다. 체면을 지키려 부채로 얼굴을 가리고 있는 그 사람은 마차와 부딪혀 망신살이 뻗치기 직전이다.

저 멀리서 여자아이가 무슨 일이 벌어지나 고개를 돌렸는데, 연결된 장면의 등장인물들이 일직선상에 놓인 세 점과 같다.

그림 2-199

그림 2-200

그림 2-201

목표를 향해 날아가는 화살을 보는 것처럼 마음이
조마조마하다. 얼굴을 가린 사람을 염려하지 않을 수
가 없다.

　　마지막으로 행각승이 걸어온 길목에 있는 우물을 살펴보자.
「청명상하도」에는 두 개의 우물이 나온다. 하나는 그림 도입
부에서 멀리 떨어져 있는 논두렁 가장자리에 있었고, 다른 하
나는 그림이 끝나가는 바로 여기다. 먼저 우물을 살펴본 뒤 인
물을 살펴보자. 우물은 큰 버드나무 아래에 자리 잡고 있다. 본
래 우물은 둥근 모양이지만 우물 입구에 '전田' 모양의 나무틀
을 설치해 네 개의 구멍을 만들어('사공정四孔井' 또는 '사안정四眼
井'이라 한다) 안전성과 취수의 편의성을 높였다. 우물 주변에는
내화벽돌이나 푸른 응회암 조각으로 방형의 받침대를 만들었

그림 속 이사는 개당고를 입
고 있다. 아마도 그는 조금
덤벙거리는 성격인 것 같다.
물 긷는 데 정신이 팔려 엉
덩이가 드러난 줄도 모르고
있다.

청명상하도　　210

그림 2-203

고 우물 내벽에는 둥그렇게 벽돌을 쌓았다. 우물둔덕에는 흙을 다져 쌓아 올린 야트막한 담장을 만들었는데, 이는 우물을 보호하는 보호벽 기능을 하면서 흙과 먼지 같은 불순물에 우물물이 오염되지 않게 한 것이다.

이제 인물을 살펴볼 차례다. 세 사람(설명하기 편리하도록 그림 속 등장인물에 이름을 붙였다)이 물을 긷고 있다. 먼저 왼쪽 아래에 있는 왕오王五를 보자. 그가 '방금' 우물가에 도착해 수통을 '막 내려놓았다'라고 이야기하는 학자가 있는데, 이는 잘못 분석한 것이다. 장택단이 그림에 담은 뜻은 아주 명확하다. 물통 두 개가 얌전히 바닥에 '놓여' 있고 왕오는 멜대의 연결고리를 물통의 손잡이에 걸려는 중이다. 즉 그는 이미 물을 길어 올렸고 떠날 채비를 하고 있다. 화가는 그림에 오해의 여지를 남기지 않았으므로 우리도 그를 따라 꼼꼼히 관찰하고 정확하게 묘사해야 한다. 그래야 그림 속 장면의 정묘함을 이해할 수 있다.

그림 2-204
첨저목수통尖底木水桶(두레박), 높이 54.5cm 직경 42.5cm, 허난 카이펑 음식문화박물관 소장

나머지 두 사람은 우물가에 서 있다. 그중 장삼張三은 우물 아래로 물통을 내리고 있다. 그는 왼손으로 밧줄을 풀고 있고 오른손으로 아직 풀지 않은 밧줄 뭉치를 쥐고 있다. 머리를 내밀어 물통이 내려간 위치를 보고 있다. 장삼의 상황은 설명하기 어렵지 않은 반면 이사李四 쪽은 묘사하기가 좀 어렵다. 왼손에 밧줄 뭉치가 들려 있는데 오른손으로는 무엇을 하고 있는 걸까? 이에 대해 두 손으로 두레박 줄을 잡아당기고 있으며 물 긷는 작업을 끝낸 것 같다고 해

　2장 송나라 저잣거리에서 만난 36가지 생활 모습

석한 사람도 있다. 자세히 관찰하면(그림 2-203을 보라) 이사가 오른손으로 잡은 것은 물통의 손잡이(둥근 정도와 두께가 같다)로, 우물 속으로 던지려는 중이냐 끌어올린 것이냐를 두고 고민할 게 아니라 밧줄이 정돈된 모습에 주목해야 한다. 이제 바닥에 놓인 물통이 모두 몇 개인지 세어보자. 그림에 보이는 것은 모두 다섯 개다. 하나의 멜대에 짊어지는 물통은 두 개다. 장삼은 물통을 아래로 내려뜨리고 있고 이사는 막 내리려는 중이다. 땅 위에는 물통이 다섯 개가 있다. 잠깐, 어떻게 물통이 하나 남는 걸까? 누군가 이사가 들고 있는 것은 물통이 아니라 우물에서만 쓸 수 있는 물 긷는 용도의 '녹로통轆轤桶(두레박, 옛 카이펑 사람들은 보통 '도관倒灌'이라 불렀다)인 것 같다고 귀띔해주었다. 일리 있는 말이다. 녹로통의 바닥은 팽이처럼 뽀족하다. 물을 길을 때 저절로 옆으로 기울어졌다가 물이 가득 찬 후에는 균형을 잡아 똑바로 서게 만든 것이다. 그림 2-204은 근대의 녹로통이다.

그림 2-201에서 버드나무의 가장귀(나무줄기에 박아둔 못이 맞을 것 같다)에 걸린 긴 물건(A, B)이 바로 2개의 멜대다. 이 장면에는 세 명이 있고 세 개의 멜대가 있다. 많지도 적지도 않게 적당한 수다. 다시 한 번 말하지만 위대한 작품은 허투루 완성되는 게 아니다.

마지막으로, 세 사람의 옷차림은 똑같으며(모두 똑같은 짧은 바지를 입었는데 특히 장삼과 이사는 똑같은 각반을 동여매고 있다) 질서정연하게 물 긷는 작업을 수행한다(멜대를 마구 던져놓지도 않았다). 누군가는 이들의 직업이 전문적으로 물을 길어주는 도수공挑水工이라고 보았다. 거대 도시에서는 연료나 식수를 해결하

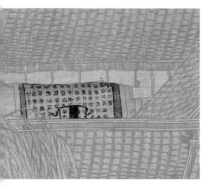

그림 2-205

그림 2-206

는 일이 그리 간단하지 않았다. 아무리 북송
의 변경이 강줄기가 닿지 않는 곳이 없고 수
량이 풍부하다 해도 가뭄 든 해에는 식수
부족이 심각해서 수많은 사람이 목숨을 잃
었다. 북송 정부는 관정官井 외에도 우물을
많이 개발할 수 있도록 허가해주고 금수하金
水河를 인공수로로 준설하는 등 많은 노력을
기울였다. 또한 방형 우물을 지어 나라 안 모
든 사람이 물을 길어 사용할 수 있게 하여
식수 문제를 크게 완화시켰다.

36. 방황과 정진,
「청명상하도」의 두 가지 결말

여기 살피고 저기 거닐고 하다 보니 어느
새 그림의 마지막에 다다랐다. 마지막 장면
에 담긴 것은 의약 점포와 나무 한 그루다.

이 의약 점포의 이름은 '조태승가趙太丞家'
로, '태승太丞'이란 의관을 이르는 명칭 중 하
나다. 송 휘종 당시 조정에서는 영리를 목적
으로 시내에서 운영하는 점포에 관직명을 내
걸지 못하도록 했으나 의약 점포는 예외였다.
점포의 편액에 큰 글자로 '조태승가'라 게시
한 것은 결코 불법이 아니라는 말이다. 조태

그림 2-207

승가 입구를 보면 규모가 그리 큰 편이 아닌데도 다섯 개의 두
공31을 설치했다. 이는 실제로 지탱해야 하는 하중보다 지나치
게 과한 것으로, '그만큼 우리 집은 재력이 있다'는 사실을 과시
하는 것으로밖에 보이지 않는다. 태승 의관이 상류층 인사와 친
분을 쌓을 기회가 생기면 환자를 보거나 약을 팔아 많은 부를
축적할 수 있었고, 훌륭한 정원을 사고 희첩을 들이는 것쯤은
일도 아니었다. 조태승가 점포의 지붕은 구련탑句連搭 양식으로,
이러한 형식은 정교하고 아름답기도 하지만 실내 공간을 넓게
해주어 실용적이기도 했다. 이제 의약 점포에서 벗어나 측면 전
경을 보자. 그림을 잘 살펴보면 의약 점포가 독립된 점포가 아
니라는 사실을 알 수 있다. 옆집은 조태승의 사저일 것이며, 점
포는 사저 대문과 앞뜰의 오른쪽에 위치해 있다. 사저는 굉장히

---

31 목조 건축에서 지붕을 지지하기 위해 기둥에 설치하던 부재.

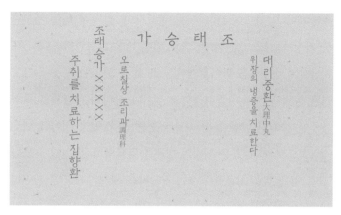

그림 2-208 광고문 평면도

기품이 있다. 최소 세 개의 내부 정원이 있을 것이며 두 번째 정원의 대청에 중국 전통 의자인 태사의太師椅와 글씨 병풍(천차串車를 덮고 있던 글씨 점포㡾布 역시 예전에는 대청에 걸려 있었을 것이다)이 놓여 있다(그림 2-206). 전체적으로 의약 점포가 자리한 위치는 고대의 풍수적인 관점에서 보았을 때 재물운이 좋은 터다.

조태승은 마케팅의 중요성을 잘 인지하고 있었다. 대문 입구에 광고판을 몇 개나 세워두었는데 가장 큰 것은 지붕보다 높다. 이런 경우 밑받침이 튼튼해야 하기 때문에 사다리꼴 받침대 혹은 벽돌 받침대를 사용한다. 그보다 낮은 두 광고판의 받침대는 구름무늬이며 나무 재질이라 가벼워서 이동하기 편리하다. 앞서 변경의 도시 관리와 관련해 불법 거리 점유 문제에 대해 언급한 적이 있다. 조태승가 역시 마찬가지다. 가장 바깥에 있는 광고판은 거리 중심에서 몇 걸음이면 닿을 정도로 가깝다. 조태승은 의원이면서 광고문 작성의 대가였다. 집 앞에 세운 광고판의 문구들을 보면(그림 속 글자에 손상이 있어 어떤 글자는 추측한 것이다) 간단명료하면서도 명확하다. 길가에 있는 광고판 중 가장 눈길을 끄는 것은 '술로 얻은 병을 치료한다治酒所傷'다. 지금까지 변경성을 돌아보면서 느낀 점 중 하나는 곳곳에 크고 작은 술집과 주점이 즐비하다는 점이다. 송나라 사람들은 무척 음주를 즐겼던 만큼 분명 술로 인한 병도 많았을 것이다. 단도직입적으로 이 간판은 시대의 병폐를 명확하게 짚고 있다. 또한 '술로 얻은 병을 치료한다'라는 광고판은 황제의 주의를 환기하는 동시에 건의하는 것이기도 하다. 지나친 음주가 끼치는 해악은 비단 개인에 국한되지 않는다. 지나친 음주로 인해 환락에 빠져들고 정신이 피폐해지면 사회와 국가에도 악영향을 끼친다. 또 다른 광고판에는 '오로칠상五勞七傷'* 그리고 한의학 처방의 명칭인 '집향환集香丸'과 '이중환理中丸'은 『어약원방御藥院方』**

* '오로칠상五勞七傷'의 '오로'는 심장, 폐, 비장, 간, 신장 5개의 장이 손상된 것을 의미한다. '칠상'은 지나치게 먹으면 비장이 상하고, 성을 내면 간이 상하고, 억지로 힘을 쓰거나 습한 곳에 오래 있으면 신장이 상하고, 찬 기운을 받거나 찬 음식을 먹으면 폐가 상하고, 지나치게 근심하고 생각하면 심장이 상하고, 비바람과 더위와 추위를 받으면 형形이 상하고 몹시 두려워하면 지志가 상하는 것을 의미한다.

** 어약원御藥院이란 송 태종 지도至道 3년(997)에 설치한 궁중 어용 약방이다. 그 역할 중 하나는 비방 약재를 미리 제조해두고 황제나 궁정에 필요할 때를 대비하는 것이다. 『어약원방御藥院方』은 중국 최초의 황가 어용 비방집이다.

그림 2-209

●●●『태평혜민화제국방太平惠民和劑局方』은 1078년에 처음 편찬된 송대 태의국太醫局 소속 약방의 성약처방집成藥處方集이다. 최초의 서명은 『태의국방太醫局方』이었으나 여러 차례 내용을 보태고 수정해 편찬하면서 서명과 권수도 바뀌었다. 송 휘종 숭녕 연간(1102~1106), 약방은 조제 규범의 초안을 세웠는데 그것을 『화제국방和劑局方』이라 불렀다. 대관 연간(1107~1110)에 진승陳承을 비롯한 의관들이 교정을 보았다. 장강 이남으로 도읍을 옮긴 뒤 소흥 연간(1148)에 약국의 이름을 '태평혜민국'으로 바꾸었고, 『화제국방』 역시 『태평혜민화제국방』으로 명칭을 바꾸었다.

과 『태평혜민화제국방太平惠民和劑局方』●●●에 나왔던 것으로 소화불량, 식욕부진과 같은 비위병脾胃病을 치료하는 데 쓰인다.

이제부터 인물을 살펴보자. 그림 2-209를 보면 어린아이를 안은 부인(아이의 어머니인 것 같다)이 긴 나무 의자에 앉아 있고 그 곁에 또 다른 여성(시녀인 것 같다)이 함께 서 있다. 그들 셋 앞에 있는 의원이 조태승일까? 어린아이의 손목을 잡아 진맥하고 있는 것 같다. 세 어른의 얼굴을 자세히 보면 어떤 감정인지 느낄 수 있다. 아이의 어머니는 근심 어린 심각한 표정이고 시녀의 얼굴에도 걱정이 가득하다. 반면 상냥한 미소를 머금은 의원은 자신 있고 침착한 태도를 보여 신뢰가 간다. 이렇게 장택단은 붓 하나로 풍부한 표정을 그려내는 데 일가견이 있다.

실내의 몇 가지 물건을 살펴보자. 정교한 교의가 보이고 의자 위에는 푹신한 방석이 깔려 있다. 계산대 위에 두 가지 물건이 놓여 있는데 하나는 주판(사료에 따르면 주판은 원나라 이후 언급되기 시작했다)인 것 같고, 또 다른 하나는 컴퓨터 모니터 같은

그림 2-210

데 물론 그럴 리가 없다. 그것은 초사가抄寫架
(독서대)다.

조태승가의 사저 대문 앞에 두 사람이 앉아
있다. (그림 2–210)한 사람은 오른쪽 다리를 왼
쪽 다리 위에 걸친 뒤 손을 얹었는데 왠지 모
르게 세련된 느낌이다. 또 한 사람은 노둣돌
위에 앉아 있다. 노둣돌이란 고대에 부잣집에
서 말에 오르기 편리하도록 설치한 디딤대다.
이들 중 한 명은 뒤를 돌아보고 또 다른 이는
앞을 보고 있다. 이렇게 시선이 교차되도록 처
리한 것은 우연이 아니라 그림이 끝났음을 드
러내는 상징으로 보인다. 이대로 끝내기엔 아
쉽지만 돌아보면 볼수록 새로운 재미를 발견
할 수 있으니 이미 충분하다는 의미가 아닐까.

이 두 사람 외에도 그림이 끝났음을 나타내
는 장면(그림 2–211)이 하나 더 있다. 바로 우
뚝 솟은 늙은 버드나무다. 이 버드나무의 특별
한 점이라면 전체 두루마리에서 보았던 평범
한 능수버들이 아니라 가지를 온전히 늘어뜨
린 수양버들이라는 것이다. '가지를 늘어뜨린
버드나무는 귀하다'라는 말이 있다. 수려한
능수버들의 등장은 그림의 다음에 이어질 장
면이 가고 싶어도 닿을 수 없는 황성皇城의 금
지 구역임을 암시하는 것도 같다. 그러나 이
책의 결말은 황성이 아닌 보잘것없는 두 사람

그림 2-211

으로 마무리하고 싶다.

한 사람은 조가 사저 대문 앞에서 길을 묻는 행인이다(그림 2-212). 그는 오른손에는 작은 상자를 들었고 어깨에는 큰 보따리를 엇메고 있다. 어깨에 멘 보따리가 지나치게 커서 상대적으로 사람의 몸집이 작아 보인다. 변경성 성문과 이곳의 문도 마찬가지다. 이곳의 문은 성문에 비하면 작은 편이지만 문 앞에 선 사람에게는 상상할 수 없을 만큼 크게 느껴질 것이다. 그는 외롭고, 막막하며, 막연하다. 바로 다음 걸음을 내디뎌 대문 안으로 들어가야 할지 아니면 떠나야 할지 알 수 없다. 바로 이 지점에서 「청명상하도」가 끝난다. 아쉬운 마음을 안고 그림 전체를 되돌아볼 때 가장 기억에 남는 장면은 바로 왕가 여관의 방 안에서 책을 읽고 있던 선비다. 그가 세내어 지내는 방 안의 장식품은 단순하고 소박하지만 부족함이 없어 보였다. 화가는 온전히 학문에 정진하는 그의 눈을 그렸다. 그림의 마지막에 방황하는 자의 뒷모습을 보았으나 마음속에 새겨진 것은 책 읽는 사람의 결연한 표정이다. 바로 그 시각, 길거리는 떠들썩한 분위기에 취해 있다. 맞은편에는 손양정점이라는 향락의 세계가 있고 왕가 여관 근처에는 한 무리의 유생들이 둘러앉아 미래를 점치는 점쟁이의 이

그림 2-212

야기에 귀 기울이고 있다. 반면 그가 있는 곳은 매우 조용하다. 그는 운명에 관심을 보이지 않은 채 그저 단정하게 앉아서 눈앞의 책을 읽을 뿐이다.「청명상하도」전체에서 가장 단정히 앉아 있는 사람이라 할 수 있을 것이다. 그의 단정한 자세가 모든 것을 설명해주는 것 같다. 그는 장택단 본인이며, 그 '자화상'은 그가 후대 선비들에게 간절히 기대하는 모습이 아닐까.

2장 송나라 저잣거리에서 만난 36가지 생활 모습

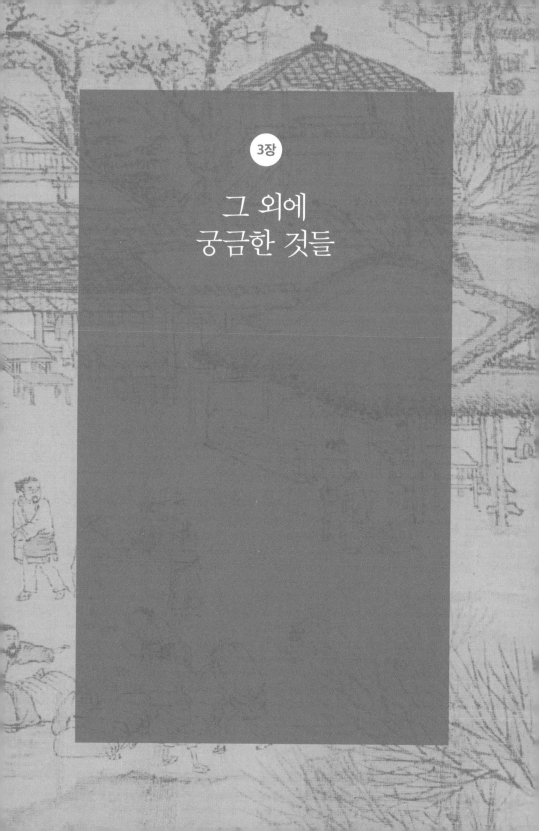

3장

그 외에
궁금한 것들

　지금까지 「청명상하도」를 모두 살펴보았다. 끝까지 함께 해준 여러분께 감사드린다. 옛 그림은 자세히 감상하면 할수록 더 재미있다는 걸 깨달았을 것이다. 무엇보다 '세독細讀'은 옛 그림을 보고 이해하는 데 가장 기본이 되는 방법이다. 물론 세독을 한다는 것은 여느 사람들보다 더 많은 의문을 가질 수 있다는 뜻이기도 하다. 세독 후에 얻게 된 의문들은 작품에 대해 잘 알지 못한 상태에서 또는 주마간산으로 감상할 때 생기는 의문과는 차원이 다르다. 세독 후에 생겨난 궁금증은 경험해보지 못한 사람은 결코 알 수 없는 은밀한 즐거움을 준다.

　지난해부터 해외 화교 학생들을 대상으로 중국 고대 회화에 대한 수업을 진행했다. 이번 장에서는 당시 학생들이 던진 질문과 그에 대한 답변을 함께 소개하겠다. 물론 여기 소개한 내용이 모든 의문을 완벽히 해결해주지는 못한다. 오히려 이 질문과 대답이 독자들에게 더 많은 질문을 하게 만드는 자극제가 되기를 바란다.

1. 「청명상하도」를 완성하는 데 소요된 시간

Q _____ 「청명상하도」에는 수많은 인물과 세부 장면이 등장하는데 장택단이 전체 두루마리 그림을 완성하기까지 얼마나 긴 시간이 걸렸을까?

A _____ 「청명상하도」를 언제 그렸으며 시간이 어느 정도 걸렸는지에 대해서는 전해지는 기록이 전혀 없기 때문에 우리의 주관적인 생각과 다른 사료로 추측하는 수밖에 없다.

어떤 연구자는 이 작품을 완성하기까지 기간을 최소한 1년 반 정도로 추정하는데, 내가 보기에 이것은 너무 낙관적인 수치다. 3년도 부족할 수 있다.

각자 주관적으로 추정하는 것 외에 참고할 만한 사료가 있다. 청나라 내무부에서 제작한 공문서(『청궁내무부조판처당안총회淸宮內務府造辦處檔案總匯』 53권 221쪽)에 따르면 건륭 57년(1792) 1월 8일에 궁정화가 풍녕馮寧이 황제의 분부에 따라 「금릉도金陵圖」 모작을 그리기 시작했는데 2년이 넘는 건륭 59년(1974) 11월에 완성했다. 「금릉도」의 크기가 세로 35센티미터, 가로 1050센티미터이므로 2년 동안 두루마리 그림 10미터 정도를 그린 셈이다. 진척 속도가 빠르다고 봐야 할까, 느리다고 봐야 할까? 매우 빠른 것이다. 「청명상하도」는 세로 24.8센티미터, 가로 528센티미터다. 두 그림을 비교해보면서 「청명상하도」를 완성하는 데 걸린 시간을 추정해보면 어느 정도 믿을 만하지 않을까.

참고로 염두에 두어야 할 부분은 「청명상하도」와 「금릉도」 및 「천리강산도千里江山圖」와 같은 대형 두루마리 그림의 창작은 황실의 든든한 지원이 필수적이었다. 이것 역시 그림을 완성하

그림 3-4

는 데 소요된 시간을 추정할 때 감안해야 할 중요한 요인이다.

그림 3-5

2. 「청명상하도」의 완성 여부

Q _____ 어째서 성벽 안쪽은 짧고 성벽 바깥은 길까?

A _____ 좋은 질문이다. 성안을 살펴보려고 하자마자 끝이 났다고 이야기하는 사람들이 적지 않다. 그래서 「청명상하도」 가 온전한 상태가 맞는지, 유실되어 세상을 떠도는 과정에서 뒷부분이 잘린 건 아닌지 추정하기도 한다. 실제로 명·청대에 이러한 의구심을 가졌던 화가들은 모작을 그릴 때 황궁 안까지 그리기도 했다. 예술적 관점에서 볼 때 후세의 모작들이 송나라 원본 「청명상하도」에 없는 후속 이야기들을 추가한 것은 사족일 뿐으로, 예술의 품격을 크게 떨어뜨렸다고 할 수 있다. 「청명상하도」의 중심점은 성문이 아니라 홍교다. 실제로 홍교를 중심 지점으로 삼을 때 좌우 대칭이 완벽해진다. 전체 두루마리 그림은 한 소년과 당나귀 한 마리로 시작해서 누군가의 뒷모습과 수양버들 한 그루로 끝을 맺는다. 문학적 풍미가 넘쳐 흐른다. 공들이지 않고 가볍게 그린 것 같지만 오래도록 여운이 남는다. 이것이 바로 진정한 대가의 솜씨가 아닐까.

3. 송나라의 대도시 뤄양, 항저우, 난징

Q _____ 송나라에는 변경 외에 다른 대도시가 있었나?

A _____ 당연히 있었다. 몇 곳을 예로 들어보겠다. 먼저 뤄양은 북송의 서경이었다.[*] 당시의 관원들은 뤄양에서 회의하는 것을 좋아했고 퇴직 후에도 뤄양에서 살기를 희망했다. 왜냐하면 뤄양은 문화정치적으로 변경에 버금가는 중심지였기 때문이다. 뤄양에는 천하에 이름을 떨친 것이 하나 더 있었는데 바로 모란이다. 뤄양 사람들은 꽃을 사랑해서 아무리 가난한 사람이라도 머리에 꽃을 꽂는 대화戴花와 술을 즐겼다. 공교롭게도 뤄양의 모란을 보고 반해버린 송 휘종이 황가 원림을 꾸미기 위해 관원을 파견해 뤄양의 모란을 변경으로 가져가는 바람에 뤄양의 모란은 씨가 마를 정도가 되었다고 한다. 그림 3-4의 선실에는 꽃으로 추정되는 무언가가 보인다. 어쩌면 뤄양 등지에서 가져온 모란이 아닐까.[**]

남송의 도성인 임안臨安(지금의 항저우) 역시 번화한 대도시였다. 「서호청취도西湖淸趣圖」에 담긴 정경이 아마도 남송 시대의 서호일 것이다. 앞에서 '망화루望火樓'를 살펴볼 때 이 그림의 일부를 인용한 적이 있다. 보면 볼수록 여운이 남는 매력적인 세부 장면을 다시금 살펴보자. 그림 3-6 망화루 부근의 빨간색 화살표가 가리키는 곳에 '해解'라는 글자가 있다. 「청명상하도」에서 보았던 '해포解鋪'를 기억하는가? 서로 다른 점이라면 이 그림 속 글자 '해'가 더욱 크고, 글자가 적힌 발은 아마도 문발인 것 같다. 어떤 이는 이 '해'자가 쓰인 곳이 벽이라고 하지만 그것은 잘못 본 것이다. 문발 앞에 입구로 들어가는 계단이 나 있고 문발이 걸리지 않은 옆문 안쪽을 보면 네모난 의자도 있

----

[*] 북송은 사경제四京制를 실시했는데 수도인 동경東京은 변량汴梁에 위치했기 때문에 변경이라 불리기도 했다. 서경西京은 뤄양이고 남경南京은 오늘날의 난징이 아닌 상추商丘라는 곳이다. 상추는 송 태조가 왕업을 이룩한 곳이기도 하다. 북경北京은 오늘날의 허베이성에 있는 다밍大名이다.

[**] 북송 시대 학자인 소백온邵伯溫은 뤄양 사람이었다. 그의 『소씨문견록邵氏聞見錄』 17권에 다음과 같은 기록이 있다. 그의 고향 사람들 모두 꽃을 좋아했고 수없이 많은 화원과 꽃시장이 있었다. "가난한 사람도 머리에 꽃을 꽂는 대화와 술 마시는 것을 즐겼다." 송 휘종 정화 연간, 소백원이 뤄양을 지나가다가 화원과 꽃시장이 모두 사라진 것을 발견했다. 누군가 그에게 알려주기를 "꽃이 피기도 전에 조정에서 사람을 보내 감호했고 막 피기 시작하자 꽃을 심은 흙까지 전부 수도로 가져갔다. 정원 주인의 이름을 장부에 기록했고 매년 조세로 꽃을 바치게 했다. 꽃으로 유명하다는 뤄양의 이야기는 옛말이 돼버렸다."

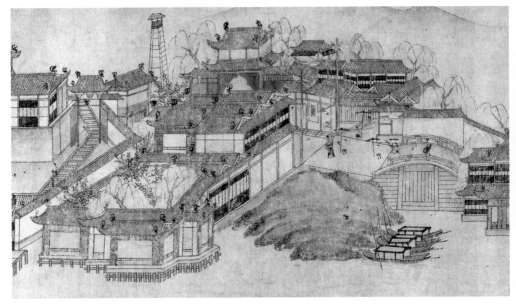

그림 3-6

다. 그 옆에 웅장한 관방의 건축물이 있는 것으로 보아 이곳의 '해포'는 과거시험과 관련된 업무를 처리하는 관아의 부속기구일 가능성이 있다. 「청명상하도」의 해포와 비교하며 감상하니 더 흥미롭게 느껴진다.

남경 역시 송대의 대도시였다. 「금릉도」 송원본에 담긴 것이 바로 송대의 금릉金陵(난징의 옛 이름)이다. 중원이 담긴 「청명상하도」와 비하면 「금릉도」는 「청명상하도」의 강남 버전이라 할 수 있겠다. 「청명상하도」의 일부 장면과 흡사한 데가 있어 「청명상하도」를 변형해 그린 것이 아닐까 추측하는 학자들도 있다.

「청명상하도」와 관계가 깊은 「금릉도」 역시 귀한 보물이라는 점은 두말할 나위가 없다. 안타깝게도 「금릉도」 송원본은 청대 건륭 연간까지 전해지다가 자취를 감췄다. 다행스럽게도 건륭 황제가 여러 궁중 화가에게 「금릉도」의 모작을 그리도록 명한 덕분에 지금까지 3권의 모작이 전해진다. 이름이 사수謝遂인 화

(傳) 남송,
「서호청취도」(부분), 미국
프리어미술관 소장

가가 건륭 52년(1787)에 가장 일찍 모작을 완성했고, 이어서 건륭 56년(1791)에 양대장楊大章이라는 화가가 모작을 완성했다. 두 화가는 직접 송원본을 보면서 모작을 그렸다. 이후 화가 풍녕이 황제의 명을 받들어 모작을 그릴 때에는 양대장의 모작을 보고 그렸다. 즉 풍녕의 모작은 양대장의 모작을 다시 모방한 것이다.

앞에서 「금릉도」의 옹성 장면을 인용한 적이 있는데 이제 장면 몇 개를 더 골라 살펴보겠다.

그림 3-8
당나귀 탄 노인, 「금릉도」
사수 모작본

그림 3-9
가마 탄 남자, 「금릉도」 풍녕 모작본

그림 3-10 청대, 양대장, 「송원본 모작 금릉도」(부분), 타이베이 고궁박물관 소장

그림 3-11 청대, 사수, 「송원본 모작 금릉도」(부분), 타이베이 고궁박물관 소장

그림 3-12 청대, 풍녕, 「양대장 모작 금릉도」(부분), 개인 소장

그림 3-10은 교외에 있는 한 농가의 모습이다. 어머니는 밥을 짓고, 할머니는 아이를 돌보고 있고, 남자는 안뜰을 청소하고 있다. 수척한 개가 막 집으로 돌아왔고 소는 하릴없이 서 있다. 아궁이에는 불길이 타오르고 있고 아이는 부엌의 엄마를 향해 무어라 이야기하고 있다. 탁자 위에는 사발, 단지, 주전자가 있다. 안방에 놓인 침대가 보이고 그 위에 베개가 놓여 있다. 그림 3-11 역시 다사로운 가정의 한때가 담겼다. 남자는 맷돌을 돌리고 여인은 앉아서 아이에게 젖을 물리고 있다. 큰아이는 두 손에 무언가를 받쳐 들고 집으로 들어간다. 수탉과 암탉, 병아리 가족이 모여 모이를 쪼아 먹고 있다.

그림 3-12는 성안의 채루환문이다. 문 앞으로 가마가 지나가고(빨간색 화살표), 가마 안에는 남자가 타고 있다. 남자가 가마꾼이 드는 가마에 탑승하는 것은 북송 시대의 선비들이 지닌 인도주의 정신에 위배되는 행위였다. 가마 근처에 부채로 얼굴을 가린 사람이 있는데(파란색 화살표) 그에게 주의를 기울이는 사람은 아무도 없다. 즉 얼굴을 가릴 필요가 없는 것이다. 청나라 사람들은 송대에 얼굴을 가리는 행위가 무슨 의미인지 잘 이해하지 못한 채 모작한 듯하다.

그림 3-13 「청명상하도」 발문跋文 전체 내용

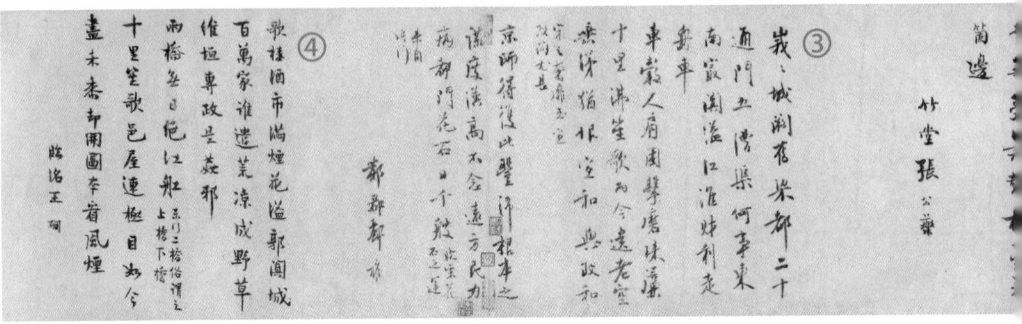

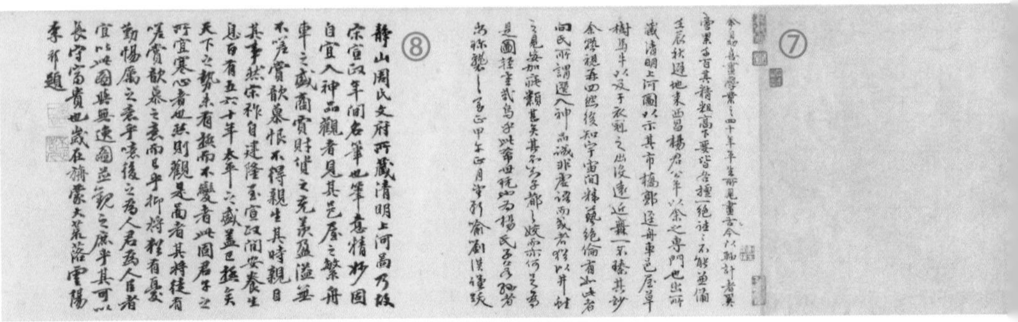

원대 발문 3편

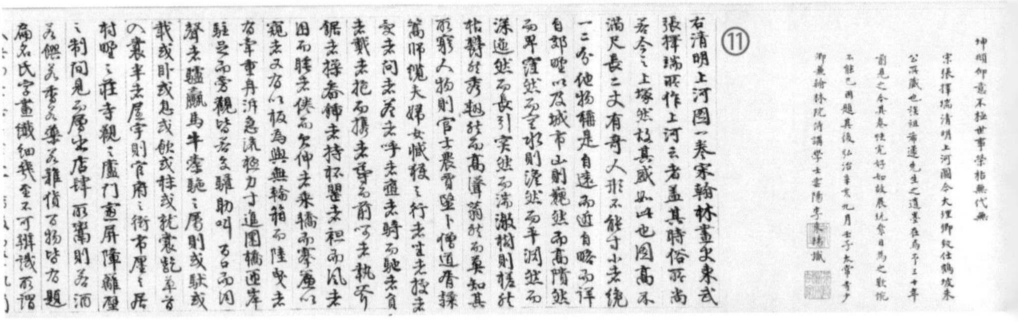

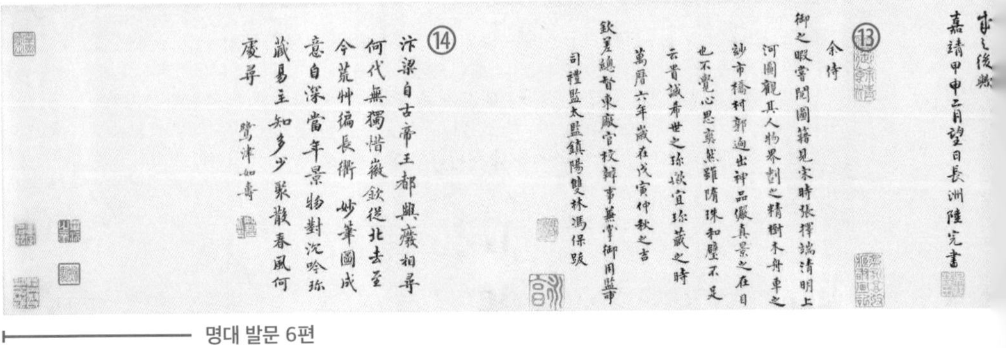

명대 발문 6편

금대金代 발문 5편

원대元代 발문 3편

금대 발문 5편

명대 발문 6편

4. 「청명상하도」 발문 훑어보기

Q _____ 「청명상하도」에는 장저張著의 제
발題跋 외에 또 다른 사람의 발문이 실렸나?

A _____ 책이나 서화 등의 앞과 뒤에 쓴
글을 '제발'이라 하는데, 이것은 제題와 발跋
을 합친 말이다. 앞에 쓴 것을 '제'라 하고 뒤
에 쓴 것을 '발'이라 한다. 제발의 내용은 대
부분 서화를 창작한 과정 및 서화에 대한 평
가, 감상, 고증과 관련된 것이다. 지금까지
「청명상하도」에 실린 발문은 금대 5편, 원대
3편, 명대 6편으로 모두 14편이다. 금나라
사람인 장저의 제문이 가장 먼저 실렸으며
가장 중요하다고 볼 수 있겠다. 장택단의 생
애에 대해 대략적으로나마 알려진 것도 모
두 장저의 발문 덕분이다.

그림 3-13이 발문 전체 모습이다. 너무 긴
탓에(화심畫心보다 훨씬 더 길다) 4단으로 나누
어 게재할 수밖에 없었다. 다음은 발문에서
중요한 부분을 골라 소개해보겠다.

금대 사람이 쓴 5편의 발문은 두 유형과
세 그룹으로 분류할 수 있다. 장저의 발문은
그 자체로 하나의 유형을 이루는데 장택단의
생애, 특징, 작품을 간략하게 소개함과 동시

한림翰林 소속이었던 장택단은 자가 정도正道이고
동무東武 사람이다. 어려서부터 책 읽기를 좋아했
고 수도에서 유학했으며, 나중에 그림을 배웠다.
주로 계화를 그렸는데 특히 배와 탈것, 시정과 다
리, 성벽과 길을 그리는 능력이 탁월해 새로운 가
수家數32를 이루었다. 『향씨평론도화기嶽氏評論
畫記』에 기재된 내용에 따르면 "서호쟁표도西湖
爭標圖와 「청명상하도」는 신품神品으로 손꼽혔다"
고 한다. 이 그림을 수장하는 자는 마땅히 귀하게
여겨야 할 것이다. 대정大定 병오丙午년 청명 다음
날 연산燕山 장저 발문.

---

32 유파나 기법을 의미하는 말이다.

장강은 동쪽으로 흘러가고
물결은 천고의 풍류 인물들을
다 씻어버렸네. 우리 대송이 금나라에
한 번 멸망했고, 원나라에 또다시
멸망했구나. 인생은 꿈과 같도다,
한 잔의 술을 강물 속 달에게
부어주네.

•신기질: 남송의 유명한 군
관이자 호방파豪放派의 대표
사인이며 평생 금나라에 항
거할 것을 강력히 주장했다.

에 소장가에게 소중히 잘 간수해달라는 당
부의 말이 실렸다. 다음에 이어지는 4편이
두 번째 유형으로, 그림을 어디서 그렸는
지 추측하는 내용 외에 망국의 원인과 안타
까운 심정이 담겼다. 세 개의 그룹 중 앞부분에 실
린 장저의 발문과 뒷부분에 실린 장세적張世積의 발문이 각각
그룹을 이룬다. 그 중간에 세 사람이 쓴 발문이 나머지 그룹을
이루는데, 이 세 사람은 서로 친구 관계인 장공약張公藥, 역권酈
權, 왕간王磵이다. 약 1186년부터 1190년 사이에 옛 도읍인 변경
근처에서 아회雅會를 열었을 때 차례대로 발문을 썼다.

그중 장공약의 조부인 장효순張孝純은 북송의 대신으로 일찍
이 태원太原의 정무를 담당한 적이 있었고, 역권의 부친인 역경
酈瓊도 처음에는 금나라에 맞설 것을 주장했으나 결국 모두 금
왕조에 투항했다. 장효순은 변경에 설치한 임시 사무소인 행대
行檯의 좌승상左丞相을 맡았고 역경은 금군의 뛰어난 장군이 되
었다. 그들의 후손인 장공약과 역권 역시 금 조정의 관리가 되
었다. 반드시 소개해야 할 사람은 역권의 스승인 유첨劉瞻 수하
에 있던 신기질辛棄疾이라는 제자다.•

제발을 쓴 사람의 신분과 경력을 이해하는 것은 그들이 쓴
발문을 이해하는 데 큰 도움이 된다. 앞에서 언급한 장공약과
역권은 북송 출신이기 때문에 「청명상하도」에 그려진 북송 시
대의 번화한 변경을 기억하고 있었을 테니, 폐허가 돼버린 변경
을 보았을 때 서글픈 심정을 금할 수 없었을 것이다.

다음, 원대의 발문으로 넘어간다.

원대에 쓰인 발문은 3편이다. 금나라 때의 발문들은 감정에

치우친 면이 있었는데 북송 시대로부터 꽤 세월이 흐른 뒤에 쓰인 원대의 발문은 감정을 초월해 그림에 숨겨진 뜻에 더 집중하고 있다. 첫 발문을 쓴 양준楊準은 장택단이 그림을 그린 까닭이 당시의 번영을 남겨 후대에 과시하고자 함이거나 기교 면에서 드높은 경지에 도달하기 위한 것이며, 그러한 목적이 있었기 때문에 어떠한 아쉬움도 남기지 않고 완벽을 위해 전력투구했을 것이라고 보았다. 양준의 이러한 해석은 깊이는 없어도 장택단이 그림을 그린 동기를 밝히려 한 최초의 시도였다. 그의 시도에 이어 세 번째 발문을 쓴 원대의 이기李祁는 한층 더 핵심적인 내용을 짚어냈다. 이기는 지방관을 지낸 경험 덕분에 관리자의 눈으로 「청명상하도」 속의 숨은 문제를 파악할 수 있었다. 예컨대 관리자의 눈에 비친 나태한 사병, 느슨한 도시 방비, 교통 혼잡 등과 같은 것은 심각한 문제였을 것이다. 이기는 「청명상하도」와 나란히 보기에 적합한 그림을 하나 언급했는데, 그것은 바로 「무일도無逸圖」다. 「무일도」는 제왕에게 안일하거나 향락에 빠지는 것을 경계한 글인 「상서尙書·무일無逸」편의 내용을 담아낸 그림이다. 이기는 「청명상하도」역시 비슷한 목적으로 제작되었을 것이라 생각했다.

　이기는 원나라 조정의 관원이었지만 원나라 말기에 강남이 혼란에 빠지자 산속으로 몸을 피했다. 원나라 군대가 궤멸했다는 소식을 접한 그는 원통해하며 식음을 전폐하고 하염없이 눈물을 흘렸다고 한다. 명 왕조가 세워진 뒤에도 원에 대한 충성심으로 스스로를 불이심不二心이라 칭하며 명나라 조정의 관리로 나아가지 않았다. 이기가 고희를 맞던 해에 전란이 일어났다. 그는 전란 중에 부상을 입어 70여 세로 세상을 떠났다. 그가 발문을 완성한 때는 원 순제順帝 지정至正 25년(1365)으로, 세상의 모진 풍파를 다 겪은 만년의 노인이었다.

명대의 발문은 총 6편으로 내용은 '화려한 면에 집중하는' 계파와 '문제의식에 집중하는' 계파로 나눌 수 있다. 지금부터 두 계파를 대표하는 발문을 하나씩 소개해보겠다.

먼저 '문제의식에 집중하는' 계파의 대표주자는 예부禮部 상서尙書 겸 문연각文淵閣 대학사大學士인 이동양李東陽이다. 명대의 발문 6편은 5명이 나누어 쓴 것인데 그중 이동양이 2편을 썼다. 그가 발문을 쓴 시기는 각각 명 효종孝宗 홍치弘治 5년(1492)과 명 무종武宗 정덕正德 5년(1515)이다. 이동양의 발문 중에 "조부 항렬이신 희구希蘧 선생이 남긴 유묵遺墨이 있다"라는 대목이 있는데, '희구'는 이기의 별호別號이며 이동양은 이기의 5대손이다. 이동양은 백성을 굽어 살피고 그들을 위해 진언할 줄 아는 관원이었기에 「청명상하도」에 숨겨진 위기의식을 예민하게 감지할 수 있었을 것이다. 이기는 언젠가 "홀로 근심과 즐거움을 쫓아 나라의 흥망성쇠를 생각하다"라고 말했다. 흥미로운 사실은 그의 조부 항렬인 이기가 「청명상하도」와 「무일도」를 나란히 두고 감상한 것에 영향을 받았는지 이동양 역시 「유민도流民圖」와 「청명상하도」를 견주어 감상했다는 점이다. 「유민도」는 북송 신종 당시의 일을 그린 것이다. 당시 감문監門의 하급 관리였던 정협鄭俠이 왕안석의 변법에 반대하여 자신이 직접 목격한 이재민들의 상황을 그리게 했고, 이 「유민도」를 신종에게 바쳐 그림으로 간언한 것이다. 이동양은 「청명상하도」 역시 황제에게 간언하려는 의도를 지닌 것이라 생각했다. 이 밖에도 '풍형예대豐亨豫大33'를 언급했는데*, 이는 간신 채경蔡京이 송 휘종

●『송사宋史』지志 제126「식화상일食貨上一」에는 다음과 같은 기록이 있다. "휘종이 제위에 오르자 채경이 '풍형예대', 즉 세상이 태평성대라 백성이 행복을 누린다는 말로 휘종을 미혹케 했다. 그리고 백성을 가혹하게 수탈해 욕망을 채워 스스로 재앙을 초래했다. 휘종 때와 명나라 말기는 유사한 면이 있는데 사치와 낭비를 좋아하고 향락을 즐겼다는 점과 나라 안팎으로 위기가 도사리고 있었다는 점이다. 그리하여 명나라 사람이 「청명상하도」를 바라보는 시선은 화려한 면에 집중하는 계파와 문제의식에 집중하는 계파로 나뉘었다.

에게 대병大餅을 그려주며 지금이 바로 태평

성세이니 황제 역시 마음껏 즐거움을 누려

마땅하다고 권유한 일을 가리킨다. 결국 이로 인

해 북송의 몰락은 빠르게 진행되었다. 이동양은 다음의 발문에

서 송 휘종 일당이 '풍형예대'를 주창하던 시기에 「청명상하도」

가 제작되었다고 강하게 주장했는데 이에 대한 근거로 제발 앞

부분에 있는 휘종의 깡마른 글씨체34로 쓴 다섯 글자와 쌍룡雙

龍 옥새가 찍힌 것을 지적했다.

진지한 태도로 그림을 감상하고 있으니 당연히 나는 '문제의식에 집중하는' 계파의 대표주자라네.

  '화려한 면에 집중하는' 계파를 대표하는 풍

보馮保는 명대의 유명한 환관이다. 그는 일반

백성의 삶을 살아본 적이 없었기에 그저 「청

명상하도」의 화려한 면에 집중했고 '신선하다'고

느꼈을 뿐이다. 풍보의 발문은 만력萬

歷 6년(1578)에 쓰였는데 이는

발문이 쓰이기 전에 이미 「청

명상하도」가 명의 궁중 창고

에 유입됐음을 증명한다. 그렇

다면 그림이 명 조정으로 유입된

때는 언제일까? 가정嘉靖 44년(1565)에 간신배인 엄숭嚴嵩

의 집안에서 몰수한 것으로 전한다.

아우야, 내가 '화려한 면에 집중하는' 계파를 대표해보겠다.

참내, '풍형예대'는 무슨! 채경이 말만 번지르르하게 꾸며 황제에게 아첨한 거잖아! 이 늙은이는 그 속이 훤히 들여다보인다고.

  풍보의 제발에 이어 여수如壽(일설에 의하면 청나라 초

---

33 천하가 태평하여 백성의 향락이 극도에 이름을 뜻함.
34 송 휘종이 창안한 수금체瘦金體는 날렵하고 날카로운 특징을 가
지고 있다.

기의 승려라고 한다)라는 사람이 쓴 제발로써 모든 발문은 끝맺는다.

5. 명나라 이후 「청명상하도」의 운명

Q _____ 「청명상하도」의 발문은 명나라 말에서 끝난다. 그렇다면 청조에 이르러 어디로 흘러갔을까? 왜 '인장 날인에 진심'이었던 건륭제[35]는 흔적을 남기지 않았을까?

A _____ 이야기는 환관인 풍보에서부터 시작해야 한다. 그는 발문을 썼을 뿐 아니라 인장까지 날인했다. 뒷장의 그림을 보자. 그가 찍은 사방인四方印 중 두 인장에 '영향永享'이라는 양인兩印이 보이며, 특히 '풍영향수장서화기馮永享收藏書畫記'라는 인印도 보인다. 이 그림이 여전히 황궁 안에 있었다면 감히 이러한 인장을 날인할 수 있었을까? 그는 분명 「청명상하도」를 가로채 자기 소유로 삼았을 것이다. 후에 「청명상하도」가 풍보의 수중에서 빠져나온 다음에는 여수와 같은 일반인에게도 발문의 기회가 돌아갔다. 청대에 이르러서는 육비지陸費墀, 필원畢沅의 수중에 들어갔다. 육비지는 『사고전서四庫全書』의 총교관總校官을 역임했고 필원은 호광총독湖廣總督의 지위까지 오른 인물로, 둘 다 권력을 남용해 상당한 재산을 축재했을 뿐만 아니라 수많은 작품을 수집했으나 사후에 모두 몰수당했다. 청대 가경嘉慶 4년(1799) 10월, 필원이 가택에 소장하고 있던 「청명상하도」가 궁

---

35 예술작품 애호가로 잘 알려진 건륭제는 각종 예술 작품에 발문을 쓰고 인장 날인하는 것을 즐겼다. 왕희지의 작품 「쾌설시청첩快雪時晴帖」에만 172개의 도장을 날인했다고 한다.

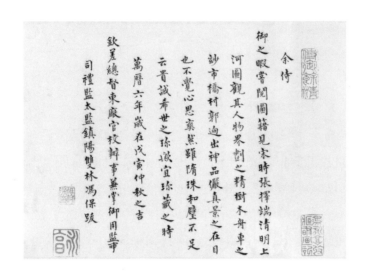

시어여청侍禦餘清

풍보인馮保印

영향永享

풍영향수馮永享收
장서화기藏書畫記

중 창고로 회수되어 청나라 말기까지 그대로 유지되었다. 건륭 황제는 가경 4년 정월 초사흗날에 서거했으니 「청명상하도」에 인장을 날인하거나 발문을 쓸 기회가 없었다.

1911년 신해혁명이 일어나 청 왕조가 무너졌다. 청 폐제淸廢帝 부의溥儀가 「청명상하도」를 훔쳐 몰래 출궁했고 창춘長春의 위 만황궁僞滿皇宮에 보관했다. 1945년 8월 일본이 항복하자 부의가 황급히 도주하면서 「청명상하도」는 민간에 흘러나갔다. 여러 사람의 손을 거치다가 1950년 둥베이東北박물관(지금의 랴오닝성遼寧省박물관)에 소장됐고, 1953년부터 지금까지 베이징 고궁박물원에 소장되고 있다.

6.「청명상하도」의 전승유서

Q_____ '전승유서傳承有緖'란 무슨 의미인가?

A_____ 전승유서(서緖를 서序라 쓰는 사람도 있다)란 고서화 작

품이 전해져 내려온 이력을 역사적으로 고증할 수 있다는 뜻이다. 다시 말해 역사상 누가 그것을 소장했는지 알 수 있으며, 지금까지 전해져 내려온 중요한 지점마다 확인할 수 있는 증거가 있다는 것이다. 전승유서가 있는 작품은 진적眞跡일 가능성이 크며, 따라서 전승유서는 서화의 진위를 판정하는 중요한 근거가 된다. 하지만 전승유서가 있는 작품이라 해서 반드시 진적인 것은 아니며, 극히 드물긴 하지만 이러한 경우가 존재한다. 진위를 판정할 때는 서화의 풍격, 인장에 새겨진 문자, 표장表裝의 기술 등 다양한 정보를 종합적으로 판단해야 한다.

7. 「청명상하도」와 계화界畫

Q _____ 「청명상하도」가 계화의 대표작이라는 의견이 있는데 계화의 예술적 특징은 무엇인가?

A _____ 일반적으로 계화는 계필과 자로 선을 그어 그리는 그림이다. 여기서 짚고 넘어가야 할 것은 그림을 그릴 때 왜 선을 긋는 도구를 쓰느냐 하는 것이다. 그 목적은 더 정밀하게 그리기 위해서다. 궁실宮室, 옥목屋木 등을 그릴 때 정밀해야만 하기 때문이다.

정밀하게 그리는 건 잘못이 아니다. 그러나 일부 사람들은 자를 대고 그리는 계화의 선이 너무 딱딱하고 경직돼 있어 생동감이 없어 보인다며 계화와 계화를 그리는 화가를 무시하기도 했다. 너무 편협한 관점이지 않은가? 정밀함과 생동감은 서로 모순된 것이 아니다. 금나라 사람인 장저는 장택단을 두고 "계화 그리는 능력이 탁월하고" "새로운 가수家數를 이루었다"고 평가했다. 장택단은 배와 탈 것을 정확하게 그려내는 한편 인물의 개성과 살아 있는 느낌도 잘 살렸기 때문에 '새로운 가수를 이루었다'고 평가받은 것이다. 가수란 학술 및 예술계의 새로운 유파를 의미한다. 다만 장택단이 건축물을 그릴 때 항상 자를 대고 그리지는 않았다는 사실을 밝혀둘 필요가 있다. 대형 건축물은 도구를 사용해서 그렸지만 작은 집은 손으로 직접 그렸다. 또 계화라는 그림이 선만 곧게 그리면 된다고 생각하면 오산이다. 화가는 건축의 구조에 대해 잘 알아야 크기를 비율대로 환산할 수 있고, '일거백사一去百斜'의 원근법을 이해해야 '앞과 뒤가 분명한' 입체감을 살릴 수 있다. 이로써 중국의 전통 회화가 화가의 생각이나 의중을 나타내는 사의寫意를 중시하고 사실寫實을 경시한다는 인식은 사실과 다르다는 걸 알 수 있다.

8. 역대 「청명상하도」의 비교

Q _____ 다른 작가의 모작과 장택단의 「청명상하도」가 매우 다른데 같은 제목으로 불리는 이유는 무엇인가?

A _____ 「청명상하도」는 중국 역사상 가장 뛰어난 풍속화다. 그 영향을 받아 후대에 수많은 임방본臨仿本들이 나왔다.* 후대의 임방본들은 원작에 충실하지 않았고 다르게 변형시켜 그리기도 했기 때문에 장택단의 원작 그림과 크게 다른 경우가 있다. 명나라 말기 구영관仇英款(약칭 '명본明本')의 모본과 청대 건륭 초기의 진매陳枚를 비롯한 5명의 궁중 화가가 합작한 모본(약칭 '청본淸本')을 장택단의 원작(약칭 '송본宋本')과 비교해보자.

• 말이 나온 김에 임臨, 모摹, 방仿의 차이에 대해 알아보자. '임'은 원그림을 옆에 두고 보면서 그대로 따라 그리는 것이다. '모'는 반투명한 종이를 원그림에 올려놓고 한 획 한 획 윤곽을 따라 그려내는 것이다. 임과 모는 모두 원작을 똑같이 따라 그리는 것이며 원그림과 닮을수록 더 훌륭한 것으로 여겼다(모사한 모방작에 원작자의 이름과 호를 서명해 진품을 사칭하는 이들도 있었는데, 이것은 '위조품'이라 한다). '방'은 유사하게 그리는 것보다 필법筆法과 풍격을 따르는 것을 중요시했다. 따라서 어떤 방작仿作은 원작품과 많이 다른 것 같지만 여전히 원작품과 전승의 관계에 놓여 있다.

명본

청본

명본

청본

청본

송본

청본

송본

명본

송본, 명본, 청본 사이의 다른 점 세 가지를 간략하게 설명해보겠다.

첫째, 기조가 다르다. 송본의 도입부에는 숯을 실은 당나귀 무리가 새벽안개 자욱한 한적한 숲길을 따라 걷고 있는데, 이는 보는 이에게 쓸쓸함과 고즈넉한 느낌을 준다. 그런 다음 '놀라 날뛰는 말' 장면부터 긴장된 기조가 시작된다. 명본과 청본의 서두에서는 모두 한가로이 거니는 소가 등장하며, 명본에 등장한 목동은 피리까지 불고 있다. 명본과 청본의 도입부는 그야말로 전원의 목가적인 풍경이다. 그런 다음 두 작품 모두 경극을 보거나 신부를 맞이하는 등의 장면으로 이어진다. 그림 전체에 화목하고 시끌벅적하며 경사스러운 기조가 짙게 배어 있다.

둘째, 시점이 다르다. 송본은 사인士人의 시점이며 화가는 인물의 속마음과 특징을 나타내는 데 관심이 많다. 어린아이 한 명이 등장하더라도 관찰자로 하여금 모종의 감정을 환기시키고 뒷모습 하나로도 어떤 감정을 불러일으킨다. 명본은 세속의 시점이다. 부와 번화로움을 좋아하는 손님들을 위해 일하는 상인의 눈으로 포착해낸 세속적 관심이 주를 이룬다. 청본은 제왕의 시점이다. 막 천자의 자리에 오른 건륭제에게 보여주기 위해 그린 것이기 때문에 상서로움과 왕기王氣를 담아내야 했다.

셋째, 주제가 다르다. 송본을 세심히 살펴보면 장택단이 마음속에 지녔던 책임감과 열정적인 '선비의 심정士心'을 느낄 수 있다. 명본은 세속적인 흥미만 좋았고, 청본은 황제가 원하는 바에 부합하려 했다.

명본

그림 3-32

왼쪽 그림(3-32)은 명본 그림 속의 홍교이고, 오른쪽 그림(3-33)은 청본 그림 속의 홍교다. 두 시대의 그림은 모두 석교로, 송본의 목교보다 훨씬 견고해 보인다. 선박과 다리의 비율을 보면 명본의 다리가 작지 않으면서 크지도 않아서 친근함이 느껴진다. 청본의 다리는 하늘을 찌를 듯 크고 웅장하다. 배와 다리 사이에도 문제가 될 만한 점은 찾아볼 수 없다. 명본의 다리는 교각의 아치가 매우

커서 배가 여유롭게 지날 수 있으며, 청본의 배는 다리에 닿을 만큼 높지만 돛대를 미리 접었기 때문에 다리를 통과하는 데 전혀 문제가 없어 보인다. 이상한 것은 청본의 다리 꼭대기로, 난데없이 난간 밖에 두 사람이 서 있다. 청나라 화원의 화가는 송본의 그림에서 밧줄을 던져주려는 인물을 모방하려 한 것 같은데 이도 저도 아닌 상황이다.

그림 3-33

그림 3-34

명본

명본

그림 3-37

명본

명본

맨 위 양쪽 면에 배치된 두 그림은 앞서 언급한 명본과 청본의 한가로이 거니는 소와 경극을 구경하는 장면이다.

명본과 청본의 도입부는 시야가 시원하게 확 트였다. 산세가 완만하고 강물이 고요하게 흐르며 밭두렁은 가지런히 정돈되었다. 나무마다 잎이 무성하고 소는 한가로이 거닌다. 마치 속세가 아닌 선계처럼 느껴지는데, 송본이 도입부에서부터 민생의 필수품인 연료 숯을 등장시킨 것과는 사뭇 다르다.

명본과 청본의 도입부에는 모두 신부를 맞이하는 영친迎親 행렬이 나오는데 중국 고대에 청명절은 혼인하는 날로는 길일이 아니었다. 「청명상하도」에서 '영친'은 단지 상서로움을 상징하는 장치일 뿐이다. '청명'이 지닌 부정적인 감정을 희석하면서 사람들에게 '천하가 태평하고, 정치가 청명하다'라는 그림 주제를 주지시키는 것이다. 경극을 보는 것 역시 태평성세의 상징 중 하나다. 백성이 기본적인 생계를 걱정할 필요가 없어야 경극을 볼 마음의 여유가 생긴다. 경극을 보는 사람 중에는 나무 위나 의자 위에 올라선 사람도 있고 통을 땅에 엎어놓고 그 위에 올라서거나 선박의 지붕 덮개 위에 올라선 사람도 있다. 또 어떤 여성은 자기 집 지붕 위에 올라가기도 했다. 큰 의미는 없지만 하나하나 살펴보는 재미가 있다. 싸우는 사람도 등장하는데(아마도 자리를 두고 다투는 것 같다), 싸우는 장면은 치안이 불안정하다는 것을 말하려는 게 아니라 그저 감상하는 이의 눈을 즐겁게 하기 위한 것 같다. 실제로 명본과 청본은 도시 방비가 매우 철저했음을 강조해 그렸는데 도시 방비가 철저해야 부유층과 황제가 안심할 수 있기 때문이다. 하층민들이 사소한 일로 티격태격하며 웃음거리가 되는 것은 부귀한 자들의 이해

관계와 거리가 멀다.

송본에는 도시를 방비하는 기구가 없었던 데 비해 명본과 청본에서는 이를 매우 강조했다. 명본에서는 성문을 들어서면 성방수비소城防守備所가 있고 간판에 '좌진우출左進右出' '반힐간세盤詰奸細' '고수성지固守城池'라 쓰여 있다. 땅바닥에는 도창가刀槍架(칼과 창을 꽂아둠)와 포탄이 있고 담에는 방패와 낭선狼筅(그림 3-37의 빨간색 화살표가 가리키는 것으로 항왜명장抗倭名將인 척계광戚繼光이 발명한 무기다)이 기대져 있으며 사병이 창을 들고 보초를 서고 있다. 성문 가의 수문에도 두 명의 사병이 보초를 서고 있다. 청본 중에는 성문의 아래에도 도시 방비 기구가 있는데 두 개의 간판에 '반힐간세' '고수성지'라 쓰여 있다. 명·청본을 송본과 비교할 때 송본에 도시 방비 기구가 없는 것은 결코 예사로운 일이 아니다!

9. 송나라 사람의 삶을 한층 더 이해하는 방법

Q ____ 「청명상하도」가 송대 일반 백성의 생활을 가장 잘 보여주는 대표작이라고 할 수 있을까? 그림에 담긴 모습이 백성의 실제 생활 풍경일까?

A ____ 대표작이라고 할 수 있다. 「청명상하도」는 북송 말기 변경의 저잣거리와 그곳에서 살아가는 인물들의 모습을 매우 세밀하고 생동감 넘치게 그려낸 위대한 두루마리 그림이다. 당시의 시내 풍경과 일반 백성의 생활상을 그려낸 대표작이라 확신한다. 「청명상하도」가 송나라 사람들의 실제 생활과 같은가 하는 물음에는 송대의 어느 한 시기를 살았던 송나라 사람의 진짜 생활을 부분적으로 그려낸 것이라고 답할 수 있다. 한

편으로는 송나라 사람들이 시내라는 공공장소에서 어떻게 생활했는지를 문학적으로 구현했으나, 다른 한편으로는 실내의 모습을 담아내지 않았고 공필工筆 기법으로 세밀하게 묘사하지도 않아서 송나라 사람들의 사생활을 자세히 담아내지는 못했다.

송대(북송에 한하지 않는다)에 민간의 생활을 그린 작품 중에는 「청명상하도」처럼 긴 두루마리 그림도 있지만 '작은 그림'들도 있다. 그러한 그림에 담긴 생활상 또한 송나라 사람들의 실생활을 구성하기 때문에 감상할 가치가 있다. 예를 들어 오대송초五代宋初 때 작자 미상의 「갑구반거도閘口盤車圖」, 북송 왕거정王居正의 「방거도紡車圖」, 송대 작자 미상의 「인물책人物册」, 남송 이당李唐의 「자애도灸艾圖」, 남송 누숙樓璹의 「경직도耕織圖」(원대 정계程棨 모작본), 남송 양해梁楷의 「잠직도蠶織圖」, 남송 이숭李嵩의 「화랑도貨郎圖」, 남송 작자 미상의 「반거도盤車圖」, 남송 작자 미상의 「수촌누각도水村樓閣圖」 등이 그러하다. 권축화 외에 벽화壁畫도 살펴보아야 하는데 그 예로는 산시山西성 가오핑高平의 개화사開化寺에 있는 북송 시대의 벽화가 있다. 이러한 '작은 그림'들은 하나하나 시대를 구성하는 퍼즐 조각과 같아서 많이 찾아보면 볼수록 전체 그림이 더 풍부하고 완전해질 것이다. 백성의 삶에 진심으로 공감하게 될 것이며 세계에 대한 이해 역시 더 깊어질 것이다.

방금 언급한 그림 중 몇 가지를 함께 살펴보자.

그림 3-43
북송, 왕거정王居正,
「방거도紡車圖」 속의 노파

남송, 작자 미상, 「수촌누각도水村樓閣圖」(부분), 고궁박물원 소장

북송, 작자 미상, 「무관인물도無款人物圖」, 타이베이 고궁박물관 소장

위 그림은 흰옷을 입은 사인이 귀가하는 모습을 그린 것이다. 손에 죽장을 쥔 그의 뒤로 거문고를 든 사내아이가 뒤따른다. 멀리 집 마당 입구가 보이는데 한 여성이 위층에서 그가 돌아오는 것을 발견했는지 급히 내려와 문가에 기대기다리고 있다. 그림 속 인물의 크기는 작지만 풍부한 감정을 느낄 수 있다. 이것은 송대 지식인들이 추구하는 이상적 삶의 모습 중 하나일 것이다.

위 그림은 북송 때의 「인물책人物册」이다. 그렇다, 화명은 '인물책'이지만 주로 '무관인물도'라 불린다. 왜냐하면 이 그림에는 작가의 낙관조차 없기 때문이다. 이 그림은 대략 송 휘종의 초중반 치세에 그린 것으로 추정되는데 「청명상하도」의 제작 시기와 비슷하다. 그림 속 주인공은 송조의 지식인이다. 그의 뒤에 있는 병풍에는 자화상이 걸려 있고, 실내 장식에 공들인 티가 역력한 게 생활의 품위를 엿볼 수 있다. 「청명상하도」에 길을 지나가는 관원과 사인이 등장하는데 「인물책」을 보니 그들이 사는 집 안 모습이 어떠할지 상상하는 데 도움이 된다. 물론 이 그림은 당시 많은 지식인이 품었던 이상적 삶을 보여주는 것이지 모두들 이처럼 높은 생활수준을 누렸다고 볼 순 없다.

산시성 가오핑시 개화사의 벽화 「관직도觀織圖」

이 그림은 북송의 벽화 「관직도觀織圖」로, 화공이 벽에 기록한 바에 따르면 화공 이름은 돈발郭發이며 철종 소성紹聖 3년(1096) 전후로 완성했다. 이 벽화 속에 등장하는 방직기는 구도가 매우 치밀하고 구조를 뚜렷하게 확인할 수 있어 고대의 수직형 방직기를 보여주는 매우 귀중한 이미지 자료다. 이러한 종류의 방직기는 다리로 페달을 밟으며 종사綜絲가 오르내리는 것을 제어하고 날줄을 위아래 2개로 층이 나뉘도록 해 평직물을 직조할 수 있다. 그림 속의 베 짜는 여성은 윗옷을 입지 않았고 다리도 대부분 드러내고 있다. 이로써 옛날에 일하고 있는 여성의 꾸밈없는 모습을 확인할 수 있다. 베 짜는 여성 왼쪽 벽에 걸린 유등으로 보아 밤낮으로 일했음을 짐작할 수 있다. 벽화 역시 옛사람들의 실생활을 이해할 수 있는 매우 중요한 이미지 자료다.

북송, 왕거정,
「방거도紡車圖」권(부분),
비단에 채색, 세로 26.1cm
가로 69.2cm, 고궁박물원
소장

이 그림은 앞서 언급한 북송의 「방거도」다. 어머니가 갓난아기를 안아서 젖을 물린 채 물레를 돌리고 있다. 맞은편에 있는 노파는 말라서 볼품없이 쭈글쭈글한 가슴이 드러나 있으며, 가슴 근처까지 들어올린 양손에는 실타래가 들려 있다. 삼실麻絲이 흔들흔들 돌아가며 맞은편의 시골 아낙네가 돌리는 물레를 따라 방추紡錘에 감기는 장면이다. 맞은편의 노파를 확대한 모습(앞 페이지의 그림 3-43)을 보자. 이미 눈치 챈 독자도 있겠지만 무릎에 헝겊 조각이 덧대어 있고, 덧댄 헝겊 조각 위에는 매화 한 송이가 수놓여 있다. 매화 무늬가 참으로 앙증맞다. 곤궁한

생활 속에서 빛나는 소박한 아름다움이다. 「청명상하도」의 도입부를 기억하는가? 어느 농가의 마당에서 한 여성이 나왔던 장면을 꼼꼼하게 살펴보지 못했지만 그 장면을 확대한다면 「방거도」와 유사할 것 같다. 그리고 놓친 이야기를 보충할 수 있을지도 모른다. 아마도 송대의 많은 여성이 천을 짜고, 돼지를 치고, 아이를 키우면서 살았을 것이다. 거의 물보라가 일지 않는 시냇물처럼 그녀들의 삶은 잔잔하고도 빠르게 흘러갔을 테지만 그네들 마음속에 피어난 작지만 붉은 꽃은 그 무엇도 막을 수 없었을 것이다.

잠직도 1

잠직도 2

남송, 이당李唐,
「자애도炙艾圖」 축(부분),
비단에 채색 세로 68.8cm
가로 58.7cm, 타이베이
고궁박물관 소장

「자애도」는 세상에 나온 지 900년쯤 된 풍속화로, 농촌에서 의원이 환자에게 뜸을 떠주고 있는 모습을 그린 것이다. 환자는 고통스러운 듯 입을 크게 벌리고 소리 지르고 있고, 의원은 왼손을 환자의 어깻죽지에 대고 오른손을 족집게를 집어 뜸쑥을 올리고 있는데, 이것이 바로 뜸을 뜨는 모습이다. 빨간색의 두 점이 바로 불을 붙인 뜸쑥이다. 뜸쑥은 쑥잎을 말려 가공한 애융艾絨으로 만들며 애단艾團이라 했다. 대부분 원뿔형이며 위는 뾰족하고 아래는 평평하다. 쑥잎은 균과 바이러스를 억제하는 약재로 중국인들은 오랫동안 쑥잎을 이용해 역병을 예방해온 역사가 있다. 단오절 때 고대 사람들은 병을 몰아내고 악귀를 물리치기 위해 대문 입구에 쑥잎을 걸어두기도 했다. 그림 속

인물들을 자세히 살펴보면 의복마다 헝겊 조각을 덧댔고 그 덧댄 곳에 또 헝겊이 덧입혀 있다. 의원도 예외가 아니어서 바짓가랑이에 큰 구멍이 뚫려 있지만 개의치 않는 것 같다. 이 그림을 「청명상하도」의 조태승가 의약포가 나오는 장면과 나란히 놓고 본다면 송대 하층민들의 의료 여건이 얼마나 열악했는지 알 수 있다. 농촌 의원과 경성 고급 의원의 생활도 하늘과 땅만큼 차이가 났다.

양쪽 하단에 배치된 작은 그림들은 「잠직도蠶織圖」에 등장하는 인물들이다.(남송, 양해梁楷, 클리블랜드 미술관 소장)

청명상하도

1판 1쇄　　2024년 7월　5일
1판 2쇄　　2024년 8월 12일

지은이　　톈위빈
옮긴이　　김주희
펴낸이　　강성민
편집장　　이은혜
마케팅　　정민호 박치우 한민아 이민경 박진희 정유선 황승현
브랜딩　　함유지 함근아 고보미 박민재 김희숙 박다솔 조다현 정승민 배진성
제작　　　강신은 김동욱 이순호

펴낸 곳　　(주)글항아리
출판등록　　2009년 1월 19일 제406-2009-000002호
주소　　　　경기도 파주시 심학산로 10 3층
전자우편　　bookpot@hanmail.net
전화번호　　031-955-2689(마케팅) 031-941-5158(편집부)

ISBN　　　979-11-6909-257-9 03910

www.geulhangari.com